Steiner/Mittländer/Fischer (Hrsg.)

Das Einmaleins der Betriebswirtschaft

Grundwissen für Betriebsrat und Wirtschaftsausschuss

Band 8

AUF DEN PUNKT

In der Reihe *Auf den Punkt* erscheinen 8 Bände mit *Grundwissen für neue Betriebsratsmitglieder*:

Band 1 Mitbestimmung
Band 2 Betriebsratssitzung und Beschlussfassung
Band 3 Betriebsversammlung
Band 4 Rechte und Pflichten als Betriebsratsmitglied
Band 5 Einigungsstelle und Arbeitsgericht
Band 6 Einführung in das Arbeitsrecht
Band 7 Betriebsvereinbarung
Band 8 Das Einmaleins der Betriebswirtschaft

Mit Online-Quiz unter
www.bund-verlag.de/Einsteiger-Quiz

Außerdem sind in der Reihe *Auf den Punkt* erschienen:

Michael Bachner (Hrsg.): BetrVG für den Betriebsrat
Christopher Koll / Maike Koll: Lexikon für den Betriebsrat

Steiner/Mittländer/Fischer (Hrsg.)

Das Einmaleins der Betriebswirtschaft

Grundwissen für Betriebsrat und Wirtschaftsausschuss

Band 8

Autorinnen:	Regina Steiner	(Kapitel I–II)
	Sandra Schneider	(Kapitel III–VIII)
	Andrea Rothkegel	(Kapitel III–VIII)

3., überarbeitete und aktualisierte Auflage

BUND
VERLAG

Bibliografische Information der Deutschen Nationalbibliothek
Die Deutsche Nationalbibliothek verzeichnet diese Publikation in der Deutschen Nationalbibliografie; detaillierte bibliografische Daten sind im Internet über *http://dnb.d-nb.de* abrufbar.

3., überarbeitete und aktualisierte Auflage 2026

Umschlag: felixschramm Visuelle Kommunikation, Großostheim
Satz: Dörlemann Satz, Lemförde
Druck: CPI books GmbH, Birkstr. 10, 25917 Leck

ISBN 978-3-7663-7598-8

kontakt@bund-verlag.de
www.bund-verlag.de

Inhaltsverzeichnis

Abkürzungsverzeichnis ... 9
Abbildungsverzeichnis ... 11

I. Einführung ... 13

II. Informationsrechte des Betriebsrats in wirtschaftlichen Angelegenheiten ... 15
1. Der Wirtschaftsausschuss als Hilfsorgan des Betriebsrats ... 15
2. Gründung des Wirtschaftsausschusses ... 16
3. Amtszeit des Wirtschaftsauschusses und der Mitglieder ... 18
4. Rechte der Mitglieder des Wirtschaftsausschusses ... 19
5. Pflichten des Arbeitgebers gegenüber dem Wirtschaftsausschuss ... 20
6. Meinungsverschiedenheiten über die Informationspflicht ... 22
7. Informationsrechte des Betriebsrats in wirtschaftlichen Angelegenheiten in Unternehmen mit bis zu 100 Beschäftigten ... 23

III. Organisation der Arbeit im Wirtschaftsausschuss ... 25
1. Sitzungsrhythmus ... 25
2. Sitzungstermine und Inhalte planen ... 26
3. Die Einladung ... 27
4. Der Ablauf der Sitzung ... 27

IV. Rahmenbedingungen ... 28
1. Rechtsform des Unternehmens ... 28
   a. Überblick über die Rechtsformen ... 28
   b. Der Einzelkaufmann ... 29
   c. Die Kapitalgesellschaften ... 29
      aa. Die GmbH ... 29
      bb. Die AG ... 30

d. Die Personengesellschaften 30
aa. Die KG 30
bb. Die OHG 30
e. Mischformen 30
aa. Die GmbH & Co. KG und die AG & Co. KG 31
bb. Die KGaA 31
f. Weitere Rechtsformen 31
aa. Der Verein 31
bb. Die Stiftung 31
cc. Die Genossenschaft 32
2. Eigentümerstruktur 32
a. Familienunternehmen 33
b. Finanzinvestoren 33
c. Institutionelle Anleger 33
d. Öffentliche Hand 34
e. Gemeinnützige Unternehmen 34
3. Einbindung in den Konzern 34
a. Rechtliche Struktur 34
b. Organisatorische Struktur 35

V. Wirtschaftliche Situation: Ertrags-, Vermögens- und Finanzlage 38
1. Grundlagen Jahresabschluss 38
a. Allgemeines 38
b. Adressaten 39
c. Einzelabschluss, Konzernabschluss 39
d. Vorschriften 39
e. Wirtschaftsprüfungsbericht 40
f. Jahresabschlüsse im Internet 40
2. Bilanz 42
a. Aktiva 43
aa. Anlagevermögen 44
bb. Umlaufvermögen 46
aaa. Vorratsvermögen 46
bbb. Forderungen 46
ccc. Sonstige Vermögensgegenstände 47
ddd. Wertpapiere und liquide Mittel 47
eee. Aktive Rechnungsabgrenzungsposten 48
fff. Latente Steuern 48
b. Passiva 48
aa. Eigenkapital 49

bb. Rückstellungen 50
cc. Verbindlichkeiten............................ 51
aaa. Verbindlichkeiten gegenüber Kreditinstituten 51
bbb. Erhaltene Anzahlungen auf Bestellungen .. 51
ccc. Verbindlichkeiten aus Lieferungen und Leistungen 51
ddd. Verbindlichkeiten gegenüber verbundenen Unternehmen, Gesellschaftern und Beteiligungsunternehmen.......................... 51
eee. Sonstige Verbindlichkeiten 52
c. Bilanzanalyse 52
3. Gewinn- und Verlustrechnung................... 54
a. Gesamtkostenverfahren 56
aa. Gesamtleistung.............................. 56
bb. Sonstige betriebliche Erträge 57
cc. Materialaufwand 57
dd. Personalaufwand 58
ee. Abschreibungen.............................. 59
ff. Sonstige betriebliche Aufwendungen 59
b. Umsatzkostenverfahren 59
aa. Herstellungskosten.......................... 60
bb. Vertriebs-/Verwaltungskosten, Forschungskosten, sonstige Aufwendungen 61
c. Ertragskennzahlen.............................. 61
4. Cashflow- oder Kapitalflussrechnung 62
5. Anhang.. 64
6. Lagebericht.. 65
7. Monats- und Quartalsabschlüsse 65

VI. Planung.. 67
1. Absatz- und Umsatzplanung.......................... 67
2. Investitionsplanung.................................. 69
3. Personalplanung 70
a. Personalbedarfsplanung.......................... 70
b. Personalentwicklungs- und Personaleinsatzplanung .. 71
4. Liquiditätsplanung 72
5. Strategische Planung................................. 73

VII. Kostenrechnung 77
1. Aufgaben 77
2. Grundbegriffe 78
3. Berichte 80
4. Selber machen oder zukaufen? 83
   a. Outsourcing und Verlagerung 83
   b. Mögliche Vorgehensweise bei Verlagerung 85

VIII. Unternehmenskrise 87
1. Ursachen 87
2. Krisenstadien 88
   a. Stakeholderkrise 89
   b. Strategiekrise 90
   c. Erfolgskrise 90
   d. Liquiditätskrise 91
   e. Insolvenz 91
3. Handlungsmöglichkeiten 92
4. Früherkennung 93
   a. Zweck und Chancen 93
   b. Fragenkatalog 96

Anhang 1
Checkliste zur Organisation der Arbeit im Wirtschaftsausschuss 100

Anhang 2
Fragenkatalog/Themen für die Sitzung des Wirtschaftsausschusses 102

Stichwortverzeichnis 103

Abkürzungsverzeichnis

Abs.	Absatz
AG	Aktiengesellschaft
BetrVG	Betriebsverfassungsgesetz
d. h.	das heißt
EBIT	Earnings before Interest and Taxes
GmbH	Gesellschaft mit beschränkter Haftung
GuV	Gewinn- und Verlustrechnung
HGB	Handelsgesetzbuch
i. H. v.	in Höhe von
KG	Kommanditgesellschaft
KGaA	Kommanditgesellschaft auf Aktien
Mio.	Millionen
OHG	offene Handelsgesellschaft
sog.	so genannte/r
TEUR	Tausend Euro
u. a.	unter anderem

Abkürzungsverzeichnis

WA	Wirtschaftsausschuss
z. B.	zum Beispiel

Abbildungsverzeichnis

Abbildung 1: Regelmäßige Wirtschaftsausschusssitzungen 26
Abbildung 2: Überblick Rechtsformen 29
Abbildung 3: Konzernstrukturen (rechtlich) 35
Abbildung 4: Konzernstrukturen (Beispiel) 37
Abbildung 5: Inhalte Jahresabschluss 39
Abbildung 6: Recherche im Bundesanzeiger 41
Abbildung 7: Recherche im Handelsregister 41
Abbildung 8: Vereinfachte Bilanzgliederung 43
Abbildung 9: Aktivseite der Bilanz 44
Abbildung 10: Passivseite der Bilanz 49
Abbildung 11: Bilanzkennzahlen 53
Abbildung 12: Struktur der Gewinn- und Verlustrechnung 55
Abbildung 13: Gesamtkostenverfahren (GKV) 56
Abbildung 14: Betriebsergebnis nach Gesamtkostenverfahren ... 57
Abbildung 15: Umsatzkostenverfahren (UKV) 60
Abbildung 16: Betriebsergebnis nach Umsatzkostenverfahren ... 61
Abbildung 17: Beispiel Kapitalflussrechnung 64
Abbildung 18: Absatz- und Umsatzplanung 68
Abbildung 19: Liquiditätsplanung 73
Abbildung 20: Megatrends 75
Abbildung 21: Grundbegriffe der Kostenrechnung 78
Abbildung 22: Monatsbericht 81
Abbildung 23: Deckungsbeitragsrechnung 82
Abbildung 24: Kostenvergleich bei Verlagerung 84
Abbildung 25: Krisenstadien 89

I. Einführung

Dieser Band gibt einen kurzen Überblick über die Rechte des Betriebsrats in wirtschaftlichen Angelegenheiten. Diese sind im sechsten Abschnitt des Betriebsverfassungsgesetzes (BetrVG) geregelt und dort in den §§ 106–113 BetrVG. Die wirtschaftlichen Angelegenheiten gliedern sich in zwei große Komplexe: die Vorschriften zum Wirtschaftsausschuss und die Vorschriften zu Betriebsänderungen (die Betriebsänderung, der Interessenausgleich und der Sozialplan werden in Band 1 der Reihe behandelt).

Auch in anderen Abschnitten des BetrVG geht es um wirtschaftliche Angelegenheiten. Für Betriebsräte in Unternehmen mit weniger als 100 Beschäftigten, sind diese von besonderer Bedeutung, da in diesen Unternehmen die Gründung eines Wirtschaftsausschusses nicht in Frage kommt. In diesen kleinen Unternehmen können sich die Betriebsräte in wirtschaftlichen Angelegenheiten ausschließlich auf die folgenden Vorschriften stützen:

- Unterrichtungs- und Beratungsrechte bei der Gestaltung von Arbeitsplätzen, Arbeitsabläufen und der Arbeitsumgebung (§§ 90 bis 91 BetrVG);
- Unterbreitung von Vorschlägen zur Beschäftigungssicherung (§ 92a BetrVG);
- Unterrichtungs- und Beratungsrechte bei der Personalplanung (§ 92 Abs. 1 BetrVG);
- Mitbestimmung bei beruflichen Bildungsmaßnahmen (§§ 96 bis 98 BetrVG);
- Mitbestimmungs- und Mitwirkungsrechte bei Betriebsänderungen (§§ 111–112a BetrVG) in Unternehmen mit in der Regel mehr als 20 Beschäftigten;
- Auch die Mitbestimmung nach § 87 BetrVG zur Entgeltgerechtigkeit oder zur Einführung neuer technischer Einrichtungen ist letztendlich eine wirtschaftliche Angelegenheit.

Der Schwerpunkt des Bandes liegt aber auf der Einführung in betriebswirtschaftliche Grundbegriffe.
Ziel ist es, Betriebsratsmitgliedern vor allem für ihre Tätigkeit im Wirtschaftsausschuss einen ersten Zugang zu dieser nicht einfachen Materie zu verschaffen. Wirtschaftliche Angelegenheiten des Unternehmens haben unmittelbaren Einfluss auf die Beschäftigten und ihre Arbeitsplätze. Der Band zeigt, dass die Befassung mit diesen wirtschaftlichen Fragen keinesfalls ein Buch mit »sieben Siegeln« ist, sondern eine machbare und lohnenswerte Aufgabe.

II. Informationsrechte des Betriebsrats in wirtschaftlichen Angelegenheiten

1. Der Wirtschaftsausschuss als Hilfsorgan des Betriebsrats

Aufgaben

Das BetrVG sieht zur Unterstützung in wirtschaftlichen Angelegenheiten ein Hilfsorgan für den Betriebsrat vor. Das ist der Wirtschaftsausschuss (WA). Er hat folgende Aufgaben:

- Mit dem Arbeitgeber[1] die wirtschaftlichen Angelegenheiten des Unternehmens beraten.
- Den Betriebsrat über die erhaltenen Informationen und die Ergebnisse der Beratung mit dem Arbeitgeber informieren.

Näheres zu kleinen Unternehmen auf Seite 23

Dieser WA darf aber nur in Unternehmen mit **mehr als 100 Beschäftigten** gegründet werden. In allen anderen Unternehmen hat der Betriebsrat dieses Hilfsorgan nicht an seiner Seite. Aber auch Betriebsräte in kleinen Unternehmen haben Informationsansprüche.
Bei der Bestimmung der Anzahl der Beschäftigten werden die Beschäftigten aller Betriebe eines Unternehmens zusammengezählt. Dabei sind nur diejenigen zu berücksichtigen, **die in der Regel** beschäftigt werden.

Beispiel:
Die Fleißig AG hat in Frankfurt einen Standort mit 60 Beschäftigten. Wegen des schlechten Betriebsklimas haben viele Kollegen gekündigt und sich etwas Neues gesucht. Deshalb werden zehn neue Mitarbeiter gesucht. Dort sind also in der Regel 70 Arbeitnehmer beschäftigt. An dem Standort in Hamburg werden zurzeit 60 Arbeitnehmer beschäftigt. Aber wegen eines außergewöhnlichen Auftrags wurden dort vorrübergehend 20 Leiharbeiter eingestellt. Diese werden nach Beendigung des Auftrags nicht weiterbeschäftigt. Dort sind also in der Regel nur 40 Arbeitnehmer beschäftigt. Zusammengerechnet ergibt das 110 regelmäßig beschäftigte Arbeitnehmer.

---

1 In diesem Band wird der Einfachheit halber nur die männliche Form verwendet. Die Form schließt selbstverständlich alle Geschlechter mit ein.

! Die Leiharbeitnehmer, die regelmäßig beschäftig werden, zählen mit.

Da der WA ein Hilfsorgan des Betriebsrats ist, sind die Grundregeln über die Organisation und Geschäftsführung soweit erforderlich, entsprechend anzuwenden.[2] Dies bedeutet, dass die Regeln über die Geschäftsführung des Betriebsrats entsprechend anzuwenden sind (siehe u.a. §§ 30, 33, 34 BetrVG). Da es keinen Vorsitzenden des WA gibt, sollte ein Sprecher des WA gewählt werden, der die Geschäfte führt: Einladung zu den Sitzungen, Bestimmung der Tagesordnung, Sitzungsprotokoll, etc.
Der Gesetzgeber hat durch das Betriebsrätemodernisierungsgesetz bestimmt, dass der Betriebsrat, der Gesamtbetriebsrat und der Konzernbetriebsrat unter bestimmten strengen Regeln Sitzungen als **Video- oder Telefonkonferenzen** abhalten können. Eine solche Regelung besteht für den WA nicht. Es ist deshalb davon auszugehen, dass der WA in Präsenz zu tagen hat. Will er davon abweichen, so kann er dies nur unter Einhaltung der Regeln des § 30 Abs. 2 BetrVG.

Näheres zum Vorrang der Präsenzsitzung in Band 2[3]

Danach muss der Vorrang der Präsenzsitzung durch eine entsprechende Geschäftsordnung gesichert werden. Das erscheint für den WA wenig praktikabel, da WAs in der Praxis oftmals nur einmal im Quartal tagen. Fänden zwei Sitzungen virtuell statt, wäre der Vorrang der Präsenzsitzung nicht mehr gewahrt.[3]

2. Gründung des Wirtschaftsausschusses

Besteht ein Unternehmen aus mehreren Betrieben, gibt es dennoch nur einen WA. Er wird dann auf **Unternehmensebene** durch den Gesamtbetriebsrat gegründet. Gibt es nur einen Betrieb oder nur einen Betriebsrat im Unternehmen, obwohl es mehrere Betriebe gibt, gründet dieser den WA.

Begriffserklärung:
Der Gesamtbetriebsrat ist zwingend zu gründen, wenn ein Unternehmen mehrere Betriebe hat und von diesen Betrieben mindestens zwei jeweils

2 LAG Berlin Brandenburg 20.1.2015 – 7 TaBV 2158/14.

3 In der Reihe »Auf den Punkt – Grundwissen für neue Betriebsratsmitglieder« sind insgesamt 8 Bände erschienen (Näheres auf Seite 2).

einen Betriebsrat haben. Diese Betriebsräte entsenden dann in der Regel zwei Mitglieder durch Beschluss des Betriebsrats in den Gesamtbetriebsrat.

Mitglieder

Der (Gesamt-)Betriebsrat beschließt zunächst, wie viele Mitglieder er in den WA entsendet. Erlaubt sind zwischen drei und sieben Mitgliedern (§ 107 Abs. 1 BetrVG). Die Mitglieder müssen dem Unternehmen angehören. Es müssen nicht alle Mitglieder des WA auch Mitglieder des Betriebsrats sein. Von Gesetzes wegen genügt **ein** Betriebsratsmitglied. Der Betriebsrat ist bei der Bestellung des WA völlig frei in seinem Ermessen, wie viele Mitglieder er in den WA entsendet und welche Personen er dafür auswählt. Es gibt keine Regel »kleines Unternehmen = wenige Mitglieder, großes Unternehmen = viele Mitglieder«.

Hinweis:
Es ist sicherlich ratsam, Nichtbetriebsratsmitglieder in den WA aufzunehmen, wenn sie besondere Fachkenntnisse in wirtschaftlichen Angelegenheiten haben. Da der WA aber ein Hilfsorgan des Betriebsrats ist, sollten das Beschäftigte sein, die dem Betriebsrat nahestehen. Es ist zwar rechtlich sogar zulässig, leitende Angestellte zu bestellen. Aber wer im Lager des Arbeitgebers steht, wird kaum unangenehme, aber für die Beschäftigten wichtige und brennende Fragen stellen. Vergessen darf auch nicht werden, dass Nichtbetriebsratsmitglieder keinen besonderen Kündigungsschutz genießen und deshalb möglicherweise bei ihrer Tätigkeit im WA nicht so frei agieren wie ein Betriebsratsmitglied.

Ersatzmitglieder

Es können Ersatzmitglieder für den WA bestellt werden. Das ist sinnvoll, um die Kontinuität der Arbeit zu gewährleisten. Bei mehreren Ersatzmitgliedern muss die Reihenfolge festgelegt werden. Es ist aber auch möglich, für jedes Mitglied des WA ein Ersatzmitglied zu bestellen.

Hinweis:
Für die Arbeit im WA ist es aber sicherlich besser, wenn die Ersatzmitglieder nicht einer bestimmten Person zugeordnet werden, sondern nach einer Reihenfolge bestimmt werden. Das Ersatzmitglied an erster Stelle hat einen besseren Überblick über die Arbeit des WA, da es jedes Mal an die Reihe kommt, wenn jemand verhindert ist. Würden die Ersatzmitglieder einer bestimmten Person zugeordnet werden, käme das Ersatzmitglied immer nur dann an die Reihe, wenn sein zugeordnetes Mitglied verhindert ist, und damit deutlich weniger zum Einsatz.

3. Amtszeit des Wirtschaftsauschusses und der Mitglieder

Da der WA ein Hilfsorgan des Betriebsrats ist, ist seine Amtszeit an die des **Betriebsrats geknüpft**. Hat der Betriebsrat den WA bestellt, endet dessen Amtszeit genau an dem Tag, an dem der Betriebsrat vier Jahre im Amt ist.
Hat der Gesamtbetriebsrat den WA bestellt, endet dessen Amtszeit mit der Amtszeit der Mehrheit der Gesamtbetriebsratsmitglieder. Die Amtszeit der einzelnen Gesamtbetriebsratsmitglieder bestimmt sich nach der Amtszeit der einzelnen Betriebsratsgremien.

> **Beispiel:**
> Das Unternehmen Nord-Süd AG hat drei Standorte mit drei Betriebsratsgremien:
> In Frankfurt endet die Amtszeit des Betriebsrats am 8.3.2018, in Regensburg endet die Amtszeit des Betriebsrats am 25.4.2018, in Flensburg endet die Amtszeit des Betriebsrats am 20.3.2018.
> Der Gesamtbetriebsrat besteht aus sechs Mitgliedern (zwei aus jedem Standort) und für vier der Mitglieder ist die Amtszeit spätestens am 20.3.2018 zu Ende. Die Amtszeit des WA endet in diesem Fall am 20.3.2018.

Absinken der Beschäftigtenzahl

Reduziert ein Unternehmen Arbeitsplätze und sinkt dadurch die Beschäftigtenzahl unter 100, endet die Amtszeit des WA zu diesem Zeitpunkt.[4]

Amtszeit

Die einzelnen Mitglieder des WA scheiden unabhängig vom Ende der Amtszeit des WA aus diesem aus, wenn sie das Unternehmen verlassen. Ein Wechsel der Betriebsstätte spielt keine Rolle, weil dadurch nicht die Zugehörigkeit zum Unternehmen verloren geht. Die Mitglieder verlieren ihr Amt auch, wenn sie durch Beschluss des (Gesamt-)Betriebsrats abberufen werden. Das kann jederzeit **ohne Angabe von Gründen** erfolgen.

Tendenzbetrieb

In Tendenzbetrieben darf ein WA nicht gegründet werden (§ 118 BetrVG).

> **Begriffserklärung:**
> Unter Tendenzunternehmen versteht man Unternehmen, die es sich zur Aufgabe gemacht haben, bestimmten Zielen zu dienen. Dies können politische, koalitionspolitische, konfessionelle, karitative, erzieherische, wissenschaftliche oder künstlerische Zwecke sein. Wirtschaftliche Ziele sind nicht als Tendenz anerkannt. Tendenzunternehmen sind auch solche, die

4 BAG 7.4.2004 – 7 ABR 41/03.

der Berichterstattung oder der Meinungsäußerung dienen. Die Tendenz muss ein entscheidendes Merkmal des Unternehmens sein.

Es ist nicht einfach festzustellen, ob man in einem Tendenzunternehmen tätig ist. Denn auch ein karitatives Unternehmen wie z. B. das Rote Kreuz verfolgt nicht mit allen seinen Einrichtungen karitative Zwecke. Sein Blutspendedienst hat keinen karitativen Charakter, weil er nicht unmittelbar den Hilfsbedürftigen zugutekommt.[5] Er dient wirtschaftlichen Zielen.

Beispiele:
Klassische Tendenzunternehmen sind politische Parteien, die Gewerkschaften, karitative Einrichtungen der Kirchen und Zeitungsredaktionen.

Betriebsräte in solchen Unternehmen sollten sich bei der Gewerkschaft oder einem Anwalt rechtlich beraten lassen, ob im konkreten Fall wirklich die Tendenz vorherrschend ist.

4. Rechte der Mitglieder des Wirtschaftsausschusses

Die Mitglieder des WA sind nicht wie die Mitglieder eines Betriebsrats geschützt. Sie genießen keinen Sonderkündigungsschutz. Das BetrVG **verbietet allerdings die Benachteiligung** von Mitgliedern des WA (§ 78 BetrVG).

Zur Vorbereitung der Sitzung sind die WA-Mitglieder wie Betriebsratsmitglieder bezahlt **von ihrer Arbeitsleistung freizustellen**. Die Dauer der Freistellung bestimmt sich nach dem Umfang und der Komplexität der Angelegenheiten, die in der WA-Sitzung behandelt werden sollen.[6]

Wirtschaftsausschussmitglieder, die nicht zugleich Mitglieder des Betriebsrats sind, haben keinen **Schulungsanspruch** für ihre Tätigkeit im WA.[7] Diese Rechtsprechung ist sehr problematisch. Denn es ist für den Betriebsrat nicht leicht, Mitglieder für den WA zu finden, die bereits genügend Sachkenntnis besitzen. Als Mitglied des Betriebsrats kann aber ein Schulungsanspruch nach § 37 Abs. 6 BetrVG bestehen.

Näheres zum Schulungsanspruch in Band 4

5 BAG 22.5.2012 – 1 ABR 7/11.

6 BAG 20.11.1984 – 1 ABR 64/82.

7 BAG 11.11.1998 – 1 AZR 491/97.

5. Pflichten des Arbeitgebers gegenüber dem Wirtschaftsausschuss

Rechtzeitig

Der WA ist in allen wirtschaftlichen Angelegenheiten rechtzeitig und umfassend unter Vorlage von Dokumenten zu unterrichten.

Die Information des WA muss **frühzeitig** vorgenommen werden, und zwar bevor über wirtschaftliche Angelegenheiten bereits entschieden wurde. Anderenfalls könnte der WA sein Recht auf Beratung mit dem Unternehmen nicht mehr wahrnehmen. Wenn etwas schon feststeht, muss darüber nicht mehr beraten werden. Der WA soll aber Vorschläge unterbreiten können und diese mit der Arbeitgeberseite besprechen.

Umfassend

Zwischen dem Unternehmen und dem WA gilt **Informationsparität**.[8] Das bedeutet, dass dem WA alle Unterlagen zur Verfügung stehen müssen, die das Unternehmen seinen Entscheidungen zu Grunde gelegt hat.[9] Nur wer die gleiche Informationslage hat, kann auf Augenhöhe Gespräche und Beratungen führen. Das Unternehmen hat die Pflicht, die Informationen für den WA in überschaubarer Form aufzubereiten.

Unterlagen

Der Arbeitgeber genügt seiner Informationsplicht nicht, wenn er den WA lediglich anhand von PowerPoint-Präsentationen unterrichtet. Welche Unterlagen vorgelegt werden müssen, kann man nur anhand der wirtschaftlichen Angelegenheit beurteilen, um die es geht. Das können z. B. sein:[10]

- Entwurf des Jahresabschlusses und der Jahresabschluss.
- Gutachten einer Unternehmensberatungsgesellschaft.
- Wirtschaftsprüfbericht.
- Plan- und Ist-Zahlen.
- Unterrichtung anhand eines Kennziffernsystems
- Produktionsprogramme.
- Rationalisierungspläne.

Wirtschaftliche Angelegenheiten

Das BetrVG enthält einen Katalog (§ 106 BetrVG) darüber, was alles zu den wirtschaftlichen Angelegenheiten zu zählen ist:

- die wirtschaftliche und finanzielle Lage des Unternehmens;
- die Produktions- und Absatzlage;
- das Produktions- und Investitionsprogramm;
- Rationalisierungsvorhaben;

8 BAG 20.9.1990 – 1 ABR 74/89.

9 Däubler in BetrVG Kommentar, Däubler/Klebe/Wedde, § 106 Rn. 43.

10 Siehe ergänzend Däubler in BetrVG Kommentar, Däubler/Klebe/Wedde, § 106 Rn. 48.

- Fabrikations- und Arbeitsmethoden, insbesondere die Einführung neuer Arbeitsmethoden;
- Fragen des betrieblichen Umweltschutzes;
- die Einschränkung oder Stilllegung von Betrieben oder von Betriebsteilen;
- die Verlegung von Betrieben oder Betriebsteilen;
- der Zusammenschluss oder die Spaltung von Unternehmen oder Betrieben;
- die Änderung der Betriebsorganisation oder des Betriebszwecks;
- die Übernahme des Unternehmens, wenn hiermit der Erwerb der Kontrolle verbunden ist, sowie
- sonstige Vorgänge und Vorhaben, welche die Interessen der Arbeitnehmer des Unternehmens wesentlich berühren können.

Das Gesetz betont ausdrücklich, dass die Aufzählung nicht abschließend ist. Man kann es auch sehr gut aus dem letzten Punkt der Aufzählung herauslesen: alles, was die Interessen der Belegschaft **wesentlich berühren** kann, kann Gegenstand der Auskunftspflicht des Arbeitgebers sein.

Die Informationspflicht des Unternehmens endet, wenn dadurch Betriebs- und Geschäftsgeheimnisse gefährdet werden. Es genügt aber nicht, dass es sich um solche Geheimnisse handelt. Diese muss der Arbeitgeber mit dem WA teilen. Nur wenn eine Gefährdung besteht, kann er die Auskunft verweigern. Die Mitglieder des WA sind ihrerseits zur Geheimhaltung verpflichtet (§ 79 BetrVG). Es handelt sich also um einen absoluten **Ausnahmefall**.

Näheres zur Geheimhaltung in Band 4

Die Geheimhaltungspflicht gilt niemals gegenüber dem Betriebsrat. Denn der WA ist dessen Hilfsorgan und hat von Gesetzes wegen die Pflicht, den Betriebsrat zu informieren. !

Hinweis:
Man darf sich vom Unternehmen nicht einschüchtern lassen, wenn die Vorlage von Unterlagen und Informationen mit Verweis auf Betriebs- und Geschäftsgeheimnisse verweigert wird. Es müsste sich um Umstände handeln, durch deren Bekanntgabe der Bestand des Unternehmens unmittelbar gefährdet wäre. Das das sehr selten in der Praxis relevant ist, zeigt sich auch daran, dass zu dieser Frage keine Rechtsprechung vorliegt.

6. Meinungsverschiedenheiten über die Informationspflicht

Näheres zur Einigungsstelle in Band 5

Verweigert das Unternehmen die vom WA gewünschten Informationen oder erteilt diese nicht vollständig, dann soll zunächst der (Gesamt-) Betriebsrat eine Einigung über die Streitfrage mit dem Arbeitgeber versuchen (§ 109 BetrVG). Das gilt auch, wenn Unterlagen nicht vorgelegt wurden. Dieser Versuch der Streitbeilegung ist an **keine besondere Form** gebunden. Es genügt ein Gespräch. Auch ein Aufforderungsschreiben des (Gesamt-)Betriebsrats, das Verlangen des WA zu erfüllen, stellt einen solchen Versuch dar.
Bleibt der Versuch erfolglos, kann der (Gesamt-)Betriebsrat die Einigungsstelle anrufen. Das Verfahren nach § 109 BetrVG ist aber zuvor unbedingt einzuhalten, da ansonsten die Anrufung der Einigungsstelle unzulässig ist.[11]

Begriffserklärung:
Die Einigungsstelle ist eine Kommission, die mit gleich vielen Personen von der Arbeitgeberseite und der Betriebsratsseite als sogenannte Beisitzer besetzt ist. Den Vorsitz hat meist ein Arbeitsrichter. Seine Stimme ist ausschlaggebend, wenn in der Einigungsstelle keine Einigung zwischen Betriebsrat und Arbeitgeber herbeigeführt werden kann.

Hinweis:
Der Betriebsrat kann ein Schreiben mit folgendem Inhalt an das Unternehmen richten:
»Sehr geehrte Damen und Herren,
dem Wirtschaftsausschuss wurden folgende Informationen nicht erteilt:
1) …
2) …
Folgende Unterlagen wurden nicht vorgelegt:
1) …
2) …
Die Bemühungen des Betriebsrats, mit Ihnen ein Einvernehmen über die streitigen Punkte herzustellen, blieben ebenfalls erfolglos. Aus diesem Grund ruft der Betriebsrat die Einigungsstelle an.
Die Einigungsstelle soll mit zwei (*es können auch drei sein*) Beisitzern je Betriebsseite besetzt sein und unter dem Vorsitz der Richterin am Arbeitsgericht Frau … tagen.

11 Hessisches LAG 17.8.2020 – 16 TaBV 24/20.

> Bitte äußern Sie sich zu dem Besetzungsvorschlag bis zum »Datum« *(eine Frist von einer Woche ist ausreichend).*
> Mit freundlichen Grüßen,
> Der Betriebsrat«

Bei der Auswahl des Einigungsstellenvorsitzenden sollte man sich entweder mit einem Vertreter der zuständigen Gewerkschaft oder einem Anwalt des Vertrauens beraten. Diese können Empfehlungen für geeignete Personen geben.

Ist der Arbeitgeber nicht bereit, in die Einigungsstelle zu gehen oder ist er mit der vorgeschlagenen Besetzung nicht einverstanden, kann die Einigungsstelle durch das Arbeitsgericht eingesetzt werden.

Näheres zum Beschlussverfahren in Band 5

Die Einigungsstelle entscheidet dann **bindend**, ob die Informationen erteilt werden müssen oder die Dokumente vorzulegen sind. Die Entscheidung der Einigungsstelle nennt sich »Spruch«. Aus diesem Spruch kann auch nach einem entsprechenden Verfahren die Zwangsvollstreckung betrieben werden.

Stellt sich das Unternehmen bei der Informationserteilung quer, sollte der Betriebsrat bzw. Gesamtbetriebsrat nicht zögern, die Einigungsstelle anzurufen. Die Einigungsstelle ist für den Arbeitgeber oft mit nicht unerheblichen Kosten verbunden. Oftmals lenken Arbeitgeber dann in der letzten Minute doch noch ein und erteilen die Informationen.

7. Informationsrechte des Betriebsrats in wirtschaftlichen Angelegenheiten in Unternehmen mit bis zu 100 Beschäftigten

Unternehmensübernahme

Bei einer bestimmten wirtschaftlichen Angelegenheit kommt es nicht darauf an, ob das Unternehmen mehr als 100 Beschäftigte hat. Nämlich dann, wenn das Unternehmen von einem anderen übernommen wird und der Übernehmer dadurch die Kontrolle über das Unternehmen erlangt.

> **Beispiel:**
> Ein Finanzinvestor kauft ein Unternehmen auf. In diesem Fall besteht meistens die Absicht, das Unternehmen neu zu strukturieren, um es profitabler zu machen. Solche Restrukturierungen sind fast immer mit einem Abbau von Arbeitsplätzen und Entlassungen verbunden. Anschließend wird das Unternehmen dann gewinnbringend verkauft.

In dem Fall einer solchen Übernahme hat der amtierende Betriebsrat bzw. Gesamtbetriebsrat die gleichen Rechte wie ein WA (§ 109a BetrVG).

Näheres zu § 80 BetrVG in Band 1

Es gibt im BetrVG eine Art Generalklausel. Nach § 80 Abs. 2 BetrVG ist der Betriebsrat zur Durchführung seiner Aufgaben rechtzeitig und umfassend zu informieren.

Der Unterschied zu den Informationspflichten gegenüber dem WA ist der, dass im Rahmen von § 80 Abs. 2 BetrVG **immer ein Bezug** zu einer Aufgabe des Betriebsrats aus dem BetrVG gegeben sein muss. Der WA hingegen ist ohne weiteres über alle wirtschaftlichen Angelegenheiten zu informieren.

Das BAG hat ausdrücklich entschieden, dass der Betriebsrat auch Informationen anfordern kann, um überhaupt prüfen zu können, ob er ein Beteiligungsrecht hat. Denn der Betriebsrat soll in eigener Verantwortung prüfen können, ob sich Aufgaben aus dem BetrVG ergeben und er tätig werden muss.[12]

Im BetrVG findet sich aber eine Reihe von Aufgaben, die Bezug zu wirtschaftlichen Angelegenheiten haben (siehe hierzu auch die Einführung in diesem Band). Im Folgenden einige Beispiele:

- Der Betriebsrat darf Vorschläge zur Beschäftigungssicherung unterbreiten. Um solche Vorschläge machen zu können, benötigt er wirtschaftliche Informationen darüber, wie es um das Unternehmen bestellt ist. Die Aufgabe des Betriebsrats ergibt sich aus § 92a BetrVG. Der Arbeitgeber muss die Vorschläge mit dem Betriebsrat beraten.
- Der Arbeitgeber hat den Betriebsrat über die Personalplanung zu informieren. Der Betriebsrat hat das Recht, dem Arbeitgeber Vorschläge zur Personalplanung zu unterbreiten. Zur Personalplanung hat der Arbeitgeber sich mit dem Betriebsrat zu beraten. Das ergibt sich aus § 92 BetrVG.
- Der Betriebsrat hat ein Mitbestimmungsrecht bei Leistungsentgelt und Prämien nach § 87 Abs. 1 BetrVG. Es handelt sich um Fragen der betrieblichen Entgeltgestaltung. Auch hieraus ergeben sich Ansprüche auf Informationserteilung. So z. B. welche konkreten Ziele dem Beschäftigten erteilt werden, welche Umsätze geplant werden, u. a. mehr.
- Um überprüfen zu können, ob der Betriebsrat Beteiligungsrechte wegen einer geplanten Betriebsänderung hat (§ 111 ff. BetrVG), kann der Arbeitgeber verpflichtet sein, Vertragsunterlagen über die Veräußerung von Firmenvermögen vorzulegen.

12 BAG 21.10.2003 – 1 ABR 29/02.

III. Organisation der Arbeit im Wirtschaftsausschuss

Die Tätigkeit des WA ist vielfältig: er muss sich nicht nur mit den rechtlichen Rahmenbedingungen beschäftigen, sondern sich zudem betriebswirtschaftliches Fachwissen aneignen. Um diesen Anforderungen im oft aufreibenden beruflichen Alltag besser begegnen zu können, kann es sich lohnen, sich vorab mit der Organisation der Arbeit im WA zu beschäftigen.

Checkliste zur Organisation der Arbeit auf den Seiten 100 und 101

1. Sitzungsrhythmus

§ 108 BetrVG

Hierzu zählt ein **regelmäßiger Sitzungsrhythmus**. Im Betriebsverfassungsgesetz ist geregelt, dass der WA monatlich einmal zusammentreten soll (§ 108 Abs. 1 BetrVG). Da es sich um eine Soll-Vorschrift handelt, können natürlich auch andere regelmäßige wiederkehrende Termine gewählt werden. Zumindest quartalsweise sollte jedoch ein Termin stattfinden. Sinnvollerweise werden die Termine am Jahresbeginn geplant und mit dem Arbeitgeber abgestimmt. Berichtet der WA an einen Gesamtbetriebsrat und sind die Standorte über ein größeres Gebiet verteilt, ist ebenfalls eine Abstimmung mit den Sitzungen des Gesamtbetriebsrates sinnvoll. Diese Koordination mindert Reisezeiten und -kosten. Die Wirtschaftsausschusssitzung kann z. B. direkt vor der Sitzung des Gesamtbetriebsrates stattfinden, so dass auch der zeitnahe Bericht des WA im Gesamtbetriebsrat möglich ist.

2. Sitzungstermine und Inhalte planen

Fragenkatalog für die Sitzung auf Seite 102

Da die Informationsrechte des WA (§ 106 Abs. 3 BetrVG) weitreichend sind, kann es sinnvoll sein, einen Standardfragenkatalog zu entwerfen bzw. regelmäßige Standardinformationen zu benennen. Sinnvollerweise werden diese mit dem Arbeitgeber abgestimmt und vereinbart, so dass die Informationen dem Gremium vorab schriftlich zur Verfügung gestellt werden können. Sind Standardinformationen mit dem Arbeitgeber vereinbart, kann in Absprache mit dem (Gesamt-)Betriebsrat der Bericht im Gremium ebenfalls standardisiert werden. **Aktuelle Themen** können und müssen zusätzlich im Rahmen der Einladung zu den Wirtschaftsausschusssitzungen benannt werden.

Zudem kann es hilfreich sein, bereits zu Jahresbeginn **Schwerpunkte** für Sitzungen zu benennen. Ein Schwerpunkt kann sich beispielsweise dem Jahresabschluss widmen (siehe dazu auch § 108 Abs. 5 BetrVG). Ein weiterer Schwerpunkt kann die Planung für das Folgejahr bzw. eine mehrjährige Planung sein.

Sind die Schwerpunkte mit dem (Gesamt-)Betriebsrat abgestimmt, kann dies das Einfordern der notwendigen Informationen durch den (Gesamt-)Betriebsrat vereinfachen. Der WA handelt dann »im Auftrag« des (Gesamt-)Betriebsrats und dieser sieht die »Notwendigkeit«, genau diese Informationen vom Arbeitgeber einzufordern.

Abbildung 1: Regelmäßige Wirtschaftsausschusssitzungen

Monatlich	Viertel-jährlich	Jährlich	Sonder-themen
▪ Monats-abschluss ▪ Auftragseingang ▪ Auftragsbestand ▪ Liquidität	▪ Beschäftigte ▪ Quartals-abschluss ▪ Forecast	▪ Jahresabschluss ▪ Planung ▪ Investitions-planung ▪ Personalbedarfs-planung	▪ Projekte ▪ Maßnahmen ▪ Aktuelle Entwicklungen

Darüber hinaus sollte Zeit für die **Vor- und Nachbereitung** der Sitzungen eingeplant werden. Eine Wirtschaftsausschusssitzung ist dann am effektivsten, wenn sich das Gremium bereits vorab mit den übersandten Standardinformationen auseinandersetzen konnte und für die Sitzung ggf. inhaltliche Fragen dazu entwickelt. Bei genügend Zeit können diese der Geschäftsführung auch vor der Sitzung zur Verfügung gestellt werden.

In einer Nachbereitung sollten offene Punkte zusammengefasst und dem Arbeitgeber übersandt werden. Um ein vollständiges **Protokoll** für den Bericht an den (Gesamt-)Betriebsrat zu erhalten, sollte die Beantwortung noch offener Fragen innerhalb einer Frist erbeten werden.

3. Die Einladung

Die schriftliche **Einladung** sollte Termin, Ort und Dauer der Sitzung festlegen. Manchmal kann es sinnvoll sein, einen Zeitrahmen für die einzelnen Tagesordnungspunkte festzulegen. Daneben sollte die Einladung den Standardfragenkatalog sowie ggf. Fragen zu Sonderthemen beinhalten.

4. Der Ablauf der Sitzung

Für den Ablauf der Sitzungen kann es darüber hinaus hilfreich sein, sich folgende Punkte zu vergegenwärtigen:

- Die Sitzungen werden durch den Wirtschaftsausschusssprecher geleitet, der Arbeitgeber ist Gast. Eröffnung, Schließung und Leitung der Sitzung obliegt den Arbeitnehmervertretern.
- Der WA dient dem Informationsaustausch, nicht der Konfrontation. Er ist auch kein Verhandlungsgremium.
- Im Gremium keine Monologe oder Wortführer zulassen. Am besten Fragen und Schwerpunkte vorab verteilen.
- Erfahrungsgemäß ist die Information durch den Unternehmer umso besser, je vorbereiteter und kompetenter der WA ist.

IV. Rahmenbedingungen

1. Rechtsform des Unternehmens

a. Überblick über die Rechtsformen

Näheres zum Jahresabschluss im Kapitel V. ab Seite 38

Das Wissen über die Rechtsform des Unternehmens gibt dem WA und dem Betriebsrat ein Verständnis, welche Informationen über die wirtschaftliche und finanzielle Situation des Unternehmens zur Verfügung stehen müssen. So ist die Rechtsform beispielsweise eine entscheidende Grundlage für die Pflichten bei der Erstellung des Jahresabschlusses oder auch die Verpflichtung zur Unternehmensmitbestimmung.

Unter **Unternehmensmitbestimmung** wird die Verpflichtung verstanden, einen Aufsichtsrat unter Beteiligung von Arbeitnehmervertretern zu bilden. In Abhängigkeit von Rechtsform und Anzahl der Beschäftigten ist ein Aufsichtsrat zu bilden. Grundsätzlich gilt: In Unternehmen mit weniger als 500 Beschäftigten muss kein Aufsichtsrat gebildet werden. In Unternehmen mit mehr als 500 Beschäftigten gelten unterschiedliche Regelungen (siehe dazu andere Literatur).

Über die Rechtsform eines Unternehmens entscheiden die jeweiligen **Eigentümer** des Unternehmens. Eigentümer können, je nach Rechtsform, auch Gesellschafter, Aktionäre oder Mitglieder genannt werden.

Zu unterscheiden sind folgende wesentliche Rechtsformen, die nachfolgend erläutert werden:

- Einzelkaufmann,
- Personengesellschaften,
- Kapitalgesellschaften,
- Weitere Rechtsformen.

Abbildung 2: Überblick Rechtsformen

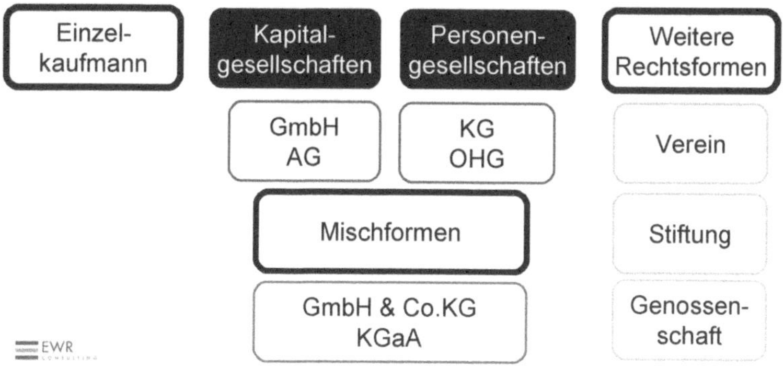

b. Der Einzelkaufmann

Der Einzelkaufmann betreibt ein Handelsunternehmen als alleiniger Inhaber. Er haftet mit seinem gesamten Vermögen, also mit dem privaten und betrieblichen Vermögen.

Beispiel:
Ein sehr bekanntes Beispiel war Anton Schlecker mit seinen Drogeriefilialen.

c. Die Kapitalgesellschaften

Bei Kapitalgesellschaften haften die Eigentümer ausschließlich mit ihrer Einlage, d.h. mit dem Geld, welches Sie dem Unternehmen als Eigenkapital zur Verfügung gestellt haben. Ist eine Kapitalgesellschaft börsennotiert, sind deren Anteile teilweise oder vollständig zum Handel an einer Börse zugelassen. Zu den Kapitalgesellschaften zählen die Gesellschaft mit beschränkter Haftung (GmbH) und die Aktiengesellschaft (AG).

aa. Die GmbH

Gesellschafter einer GmbH können natürliche Personen (Menschen) oder juristische Personen (andere Unternehmen) sein. Der Gesellschaftsvertrag wird von einem Notar beurkundet und regelt Rechte und Pflichten der Gesellschafter. Die Gesellschafter bestellen einen oder mehrere Geschäftsführer, welche die Geschäfte der Gesellschaft nach außen führen.

bb. Die AG

In einer Aktiengesellschaft liegt das Grundkapital in Form von übertragbaren Aktien vor. Die Anzahl der Aktien ist bekannt und die Gesellschafter werden Aktionäre genannt. Sie können natürliche Personen, andere Unternehmen oder auch Institutionen (z. B. Rentenversicherungsträger) sein. Werden Aktien eines Unternehmens an der Börse gehandelt, ist die Anzahl der dort gehandelten Aktien der Streubesitz. Organe der Aktiengesellschaft sind Vorstand, Aufsichtsrat und die Hauptversammlung. Die europäische Variante der Aktiengesellschaft ist die **Societas Europaea (SE)**, eine auf Europaebene eingeführte Gesellschaftsform. Der Sitz der SE muss in einem EU-Mitgliedsstaat liegen.

d. Die Personengesellschaften

Bei Personengesellschaften haftet mindestens eine natürliche Person mit ihrem Privatvermögen. Zu den Personengesellschaften zählen die Kommanditgesellschaft (KG) und die offene Handelsgesellschaft (OHG).

aa. Die KG

In einer KG schließen sich mindestens zwei natürliche oder juristische Personen zusammen, um gemeinsam in einer Firma ein Handelsgewerbe zu betreiben. Wesentliches Merkmal der KG ist die Zusammensetzung der Gesellschafter. Gesellschafter, die persönlich mit ihrem gesamten Vermögen haften, werden **Komplementäre** genannt. In ihren Händen liegt die Geschäftsführung. Die übrigen Gesellschafter haften lediglich mit ihrer Einlage und werden **Kommanditisten** genannt.

bb. Die OHG

Wie bei der KG ist der Zweck der OHG, gemeinsam ein Handelsgewerbe in einer Gesellschaft zu betreiben. Alle Gesellschafter **haften persönlich** mit ihrem gesamten Vermögen. Die OHG wird durch die Gesellschafter vertreten.

e. Mischformen

Mischformen von Kapital- und Personengesellschaft dienen der Haftungsbeschränkung persönlicher Gesellschafter. Zu ihnen zählen die GmbH & Co. KG und die AG & Co. KG sowie die Kommanditgesellschaft auf Aktien (KGaA).

aa. Die GmbH & Co. KG und die AG & Co. KG

Sowohl die GmbH & Co. KG als auch die AG & Co. KG sind Kommanditgesellschaften. Bei beiden ist eine Kapitalgesellschaft (GmbH oder AG) die persönlich haftende Gesellschafterin (Komplementär-GmbH bzw. Komplementär-AG genannt). Die Kapitalgesellschaft haftet mit ihrem gesamten Vermögen, welches in der Regel **so gering wie möglich** gehalten wird. Die Kommanditisten sind in der Regel natürliche Personen, oftmals auch die Gesellschafter der Kapitalgesellschaft. Sie haften nur mit ihrer Einlage. In Folge dieser Konstruktion gibt es keinen voll haftenden persönlichen Gesellschafter.

bb. Die KGaA

Die KGaA ist eine Mischform von KG und AG. Wie in der KG haften die Komplementäre mit ihrem gesamten Vermögen. Die Kommanditisten haften wie in der KG mit ihrer Einlage, die jedoch in Form von Aktien ausgegeben ist.

f. Weitere Rechtsformen

Neben den Kapital- und Personengesellschaften existieren weitere Rechtsformen, zu denen der Verein, die Stiftung und die eingetragene Genossenschaft zählen.

aa. Der Verein

In einem Verein schließen sich mehrere Personen freiwillig zusammen. Im Vereinsregister eingetragene Vereine (e. V.) haben eine Satzung und einen Vorstand, der für den Verein handelt. Der Verein verfolgt seine Zwecke unabhängig von den wechselnden Mitgliedern.

bb. Die Stiftung

Eine Stiftung hat keine Mitglieder oder Gesellschafter. Ein Stifter stellt der Stiftung in der Regel dauerhaft Mittel für festgelegte oftmals gemeinnützige Zwecke zur Verfügung. Der Begriff Stiftung umfasst unterschiedliche Rechtsformen. Die in Deutschland häufigste Form ist die **rechtsfähige Stiftung bürgerlichen Rechts**. Wesentliche Rahmenbedingungen dieser Stiftung (wie Name, Sitz, Zweck, Vermögen und Bildung des Vorstandes) sind in einer Satzung zu regeln. Die staatliche Anerkennung erfolgt durch die Stiftungsbehörde des Bundeslandes, in dem sie ihren Sitz hat.

> **Beispiel:**
> Eine Stiftung kann an Unternehmen beteiligt sein oder alleinige Gesellschafterin eines Unternehmens sein, so wie die Carl-Zeiss-Stiftung, die alleinige Aktionärin der Carl Zeiss AG ist.

cc. Die Genossenschaft

Eingetragene Genossenschaften verfolgen gemäß Genossenschaftsgesetz den Zweck, den Erwerb oder die Wirtschaft ihrer Mitglieder oder deren soziale oder kulturelle Belange durch gemeinschaftlichen Geschäftsbetrieb zu fördern. Die Genossenschaft verfolgt also nicht selber einen erwerbswirtschaftlichen Zweck. Die Förderung erfolgt regelmäßig durch eine wirtschaftliche Betätigung, indem die Genossenschaft ihren Mitgliedern Arbeitsplätze, Aufträge, Waren oder Dienstleistungen zur Verfügung stellt. Dabei müssen sich die Leistungen einer Genossenschaft an den Angeboten anderer Mitbewerber um diese Leistungen messen lassen, ansonsten hat eine Genossenschaft keine dauerhafte Überlebenschance. Die Mitgliedschaft in einer Genossenschaft ist **freiwillig** und erfolgt nicht verpflichtend durch die Zugehörigkeit zu einer bestimmten gesellschaftlichen Gruppe (wie einem lokalen Gemeinwesen oder der Zugehörigkeit zu der Belegschaft eines Betriebes).

> **Hinweis:**
> Die Rechtsform und die daraus abzuleitenden Rechte und Pflichten zu kennen, ist für den WA eine Basisinformation. Zum Beispiel sind daran die Offenlegungspflichten für den Jahresabschluss geknüpft. Sind diese Grundlagen einmal erhoben und verstanden, können sie jederzeit genutzt werden. Änderungen sind lediglich bei Gesetzesänderungen zu erwarten.

2. Eigentümerstruktur

Neben der grundlegenden Information, welche Rechtsform das Unternehmen hat, ist für den WA das Wissen über die Struktur der Eigentümer und der Gesellschafter relevant. Die Eigentümer entscheiden über die **langfristige Ausrichtung** des Unternehmens, d. h. über die Strategie. Allgemein wird beispielsweise Familienunternehmen ein nachhaltigeres Wirtschaften zugesprochen als einem von Finanzinvestoren gehaltenen Unternehmen. Eigentümerstrukturen sind grundsätzlich **unabhängig** von der Rechtsform, jedoch sind bestimmte Rechtsformen bei einigen Eigentümerstrukturen wahrscheinlicher. So sind zum Beispiel Familienunternehmen eher in Form einer GmbH & Co. KG errichtet als in der Form einer AG.

a. Familienunternehmen

Nachhaltigkeit

Familienunternehmen sind vollständig oder überwiegend im Besitz einer Familie. Die meisten Familienunternehmen sind mittelständische Traditionsunternehmen. Die Eigentümer sind nicht nur finanziell, sondern meist auch **emotional** an das Unternehmen gebunden. Zu den Familienunternehmen zählen in Deutschland jedoch nicht nur kleine und mittelständische Unternehmen, sondern je nach Definition auch große oder börsennotierte Unternehmen (z.B. Henkel, Aldi und Bosch). Familienunternehmen gelten eher als nachhaltig agierende Unternehmen. Die konkrete Strategie ist jedoch abhängig von der Höhe des Anteils im Familienbesitz sowie von den Interessen der übrigen Eigentümer.

b. Finanzinvestoren

Strategie/Beteiligungsmodell

Befindet sich ein Unternehmen im Besitz von Finanzinvestoren wird in allen Fällen Kapital von privaten oder institutionellen Anlegern bereitgestellt. Es existieren unterschiedliche Modelle, wie sich die Anleger am Unternehmen beteiligen. Die Bandbreite geht von »reiner Finanzbeteiligung« (Private-Equity) bis hin zu strategischen, industriellen Investoren. Die Strategie eines **Finanzinvestors** hängt eng mit dessen Beteiligungsmodell zusammen.

- Das Ziel der klassischen Finanzbeteiligung ist **renditeorientiert**, d.h. sie verfolgt das Ziel einer möglichst hohen Verzinsung des eingesetzten Kapitals.
- Der strategische **Investor** möchte sein eigenes Geschäft durch die Beteiligung an dem Unternehmen stärken und verfolgt eher **langfristige** Ziele; die Renditeorientierung ist nachrangig. Die Stärkung des eigenen Geschäfts kann sich darin zeigen, dass neue Märkte (z.B. Regionen) erschlossen werden können oder die Produkte das eigene Angebot ergänzen.

c. Institutionelle Anleger

Vorsichtig

Institutionelle Anleger sind eine große Anlegergruppe, zu denen Banken, Versicherungen, Fondsgesellschaften, Pensionskassen und Sozialversicherungsträger zählen. Sie verwalten im Gegensatz zu privaten Geldgebern auch **Fremdgelder** (von Dritten). Viele institutionelle Anleger verfolgen aufgrund ihres Zweckes (z. B. Pensionsfonds) eher mittel- oder langfristige Anlageziele und scheuen aufgrund dessen eher Risiken.

d. Öffentliche Hand

Politik und Haushalt

Wenn die öffentliche Hand (z. B. die Kommune bei der Verkehrsgesellschaft oder den Stadtwerken) Gesellschafter des Unternehmens ist, spielen auch politische Faktoren sowie der Haushalt der Kommune eine Rolle bei der Steuerung des Unternehmens. Beispielsweise »lastet« ein großer Ergebnisdruck auf dem Unternehmen, wenn die Gewinne fest im Haushalt eingeplant sind.

e. Gemeinnützige Unternehmen

Soziale Aufgaben

Gemeinnützige Unternehmen erfüllen oftmals soziale Aufgaben. Beispiele sind Senioreneinrichtungen oder Werkstätten für Menschen mit Behinderung. Einrichtungen mit einem **kirchlichen Träger** unterliegen dem kirchlichen Arbeitsrecht.

! Die Eigentümerstruktur spielt oftmals eine wesentliche Rolle bei wichtigen oder auch strategischen Entscheidungen der Geschäftsführung, da mit ihnen eine »Haltung« und damit langfristige Ziele verbunden sind. Die Eigentümer sowie ihre Strukturen und Ziele zu kennen, unterstützt den WA bei der Beurteilung geplanter Maßnahmen.

3. Einbindung in den Konzern

a. Rechtliche Struktur

Viele kleine und mittelständische Unternehmen sind rechtlich in einen **Konzern** eingebunden. In der einfachsten Form handelt es sich um ein Unternehmen (= Mutterunternehmen), das ein weiteres Unternehmen (= Tochtergesellschaft) besitzt. Die oberste Gesellschaft ist das Mutterunternehmen des Konzerns. Die folgende Abbildung soll eine solche (vereinfachte) Struktur beispielhaft verdeutlichen:

Abbildung 3: Konzernstrukturen (rechtlich)

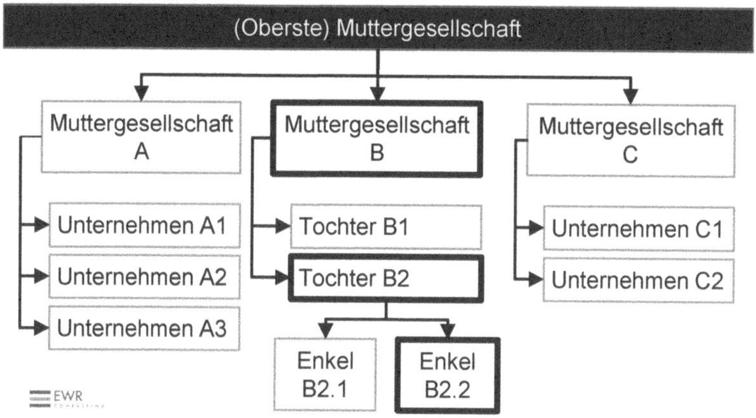

Beispiel:
Das Unternehmen, in dem der WA gebildet ist, ist das Unternehmen »**Enkel B2.2**«. Der Eigentümer von »Enkel B2.2«, also seine Muttergesellschaft, ist das Unternehmen »**Tochter B2**«. Die Muttergesellschaft von »Tochter B2« ist wiederum »**Muttergesellschaft B**«, deren Muttergesellschaft die »**(Oberste) Muttergesellschaft**« ist.

Die Konzernstrukturen zu kennen, bedeutet für Betriebsrat und WA, die Eigentümer und ggf. deren Strategie zu kennen und bei eigenen Entscheidungen zu berücksichtigen. **!**

Internationale Gebilde

In der Realität sind Konzerne üblicherweise viel komplexer und oftmals zudem internationale Gebilde. Die rechtlichen Einheiten sind Unternehmen innerhalb des Konzerns, die eine länderspezifische Rechtsform haben. Aus **steuerlichen** Gründen sind vielfach in Konzernen auf Länderebene sogenannte Länderholdings (z. B. in der Rechtsform einer GmbH) gebildet, denen die übrigen Gesellschaften untergeordnet sind.
In diesen Strukturen wird ein Konzern in der Regel jedoch nicht *geführt*. Die Strukturen genügen ausschließlich den jeweiligen formalen länderspezifischen Rechtsanforderungen.

b. Organisatorische Struktur

Segmente

Die Steuerung eines Konzerns erfolgt vielfach in so genannten organisatorischen Strukturen, die jedoch von den rechtlichen Strukturen abweichen. Unter **organisatorischen Einheiten** werden auf Konzernebene Segmente verstanden, in denen jeweils ein Betätigungsfeld des Konzerns organisatorisch zusammengefasst ist. Die Anzahl der Segmente in Konzernen ist in der Regel überschaubar. In dieser Struktur wird das *Geschäft* des Konzerns abgebildet und geführt. Der Begriff Segment wird nicht einheitlich verwendet, manchmal werden sie **Divisionen** oder auch **strategische Geschäftseinheiten** genannt. Segmente sind in der Regel in weitere Einheiten unterteilt, die z. B. Geschäftsfelder, Geschäftsbereiche, Unternehmensbereiche oder auch Business Units genannt werden. Die organisatorische Struktur nach Betätigungsfeldern erklärt, warum diese Strukturen in Konzernen von den rechtlichen Strukturen **abweichen**. Sie werden völlig unabhängig von den rechtlichen Strukturen gezogen. Entscheidungen zum operativen Geschäft werden innerhalb der einzelnen Segmente (Divisionen) und deren Geschäftsfelder getroffen. Damit liegen in einer solchen Organisation die Entscheidungen nicht mehr bei der Geschäftsführung der legalen Einheit, sondern bei der **Leitung der organisatorischen Einheit**.

Hinweis:
Die Kenntnis der rechtlichen und organisatorischen Strukturen sowie deren Veränderungen sind für den WA relevant. Fallen diese auseinander (was in der Regel der Fall ist), kann unter Umständen die Geschäftsleitung des Unternehmens, in dem der WA tätig ist, keine selbständigen Entscheidungen treffen. Zudem gibt die Struktur Hinweise, auf welcher Ebene im Unternehmen z. B. über die wirtschaftliche Lage berichtet wird. Die Kenntnis der rechtlichen Struktur ist für Betriebsrat und WA vor allem in »schwierigen Zeiten« wichtig: bei Verhandlungen zu Interessenausgleich und Sozialplan, Unternehmensverkauf sowie im Insolvenzverfahren ist die rechtliche Basis auch die rechtliche Einheit.

In der nachstehenden Abbildung ist eine solche Organisation vereinfacht dargestellt. Dabei entsprechen die Rechtecke mit kantigen Ecken rechtlichen Strukturen (Holding, Unternehmen). Diejenigen Rechtecke mit runden Ecken (hellgrau, dunkelgrau) organisatorischen Einheiten (Divisionen).

Abbildung 4: Konzernstrukturen (Beispiel)

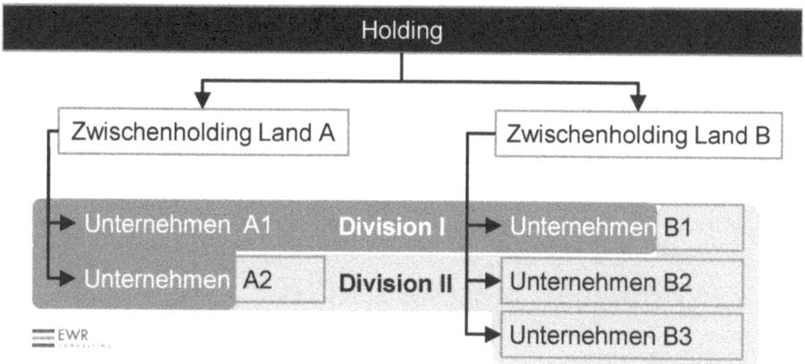

Beispiel:
Der abgebildete Konzern ist in 2 Ländern (A+B) und in 2 Geschäftsfeldern (Divisionen I+II) tätig. Je Land ist eine Zwischenholding gebildet (Zwischenholding Land A + Land B). Diese sind jeweils die Muttergesellschaft der operativen Unternehmen in diesem Land (Unternehmen A1+A2 sowie B1-B3). Einige Unternehmen, hier A2 und B1, sind für beide Geschäftsfelder (Divisionen I+II) tätig. Die anderen Unternehmen A1, B2 und B3 sind jeweils nur für eine Division tätig (A1 für Division I; B2 und B3 für Division II). Die Steuerung der operativen Geschäfte erfolgt im Konzern über die Geschäftsfelder, die Divisionen. Das Unternehmen A2 hat damit zwei übergeordnete »Chefs«, denjenigen der Division I und denjenigen der Division II.

Tipp:
Sämtliche Informationen, die in diesem Kapitel behandelt werden, zählen zu den Basisinformationen eines WA. Da diese Strukturen eher selten Änderungen unterworfen sind, sind sie seitens des WA lediglich einmal zu erheben und zu verstehen. Wird dieses Wissen sowie mögliche Änderungen der Strukturen in einer wirtschaftsausschussinternen Dokumentation festgehalten, kann es jederzeit wieder abgerufen werden. Auch nach möglichen Wechseln im Gremium steht dieses Wissen weiterhin als Basiswissen sämtlichen Mitgliedern zur Verfügung.

V. Wirtschaftliche Situation: Ertrags-, Vermögens- und Finanzlage

1. Grundlagen Jahresabschluss

a. Allgemeines

Pflichtprogramm

Die Beschäftigung mit dem Jahresabschluss gehört zum Pflichtprogramm des WA. Der Jahresabschluss ist dem WA unter Beteiligung des (Gesamt-) Betriebsrats zu erläutern (§ 108 Abs. 5 BetrVG).

Gerade in kleinen oder mittleren Unternehmen ist der Jahresabschluss eine zentrale Informationsquelle zur Beurteilung der wirtschaftlichen Lage des Unternehmens und Grundlage für Fragen zur zukünftigen Unternehmensentwicklung. Zu beachten ist allerdings, dass sich der Jahresabschluss auf die **Vergangenheit** bezieht und nur begrenzte Aussagen zur erwarteten Entwicklung beinhaltet.

Der Jahresabschluss besteht in der Regel aus **vier** Bestandteilen, die in den nachfolgenden Abschnitten erläutert werden: den Rechenwerken Bilanz und Gewinn- und Verlustrechnung sowie ergänzenden Textinformationen, dem sogenannten Anhang. Weiter hat die Geschäftsführung in einem Lagebericht den Geschäftsverlauf zu erläutern sowie Chancen und Risiken der erwarteten Entwicklung darzustellen.

Der Jahresabschluss soll es fachkundigen Dritten, d.h. Unternehmensfremden, ermöglichen, sich ein Bild von der wirtschaftlichen Situation eines Unternehmens zu machen. Hierzu zählen vor allem die Darstellung von Vermögen und Schulden (= Vermögenslage) sowie die Entwicklung von Gewinn oder Verlust (= Ertragslage). Ein weiteres wichtiges Element ist die Darstellung der Finanz- oder Liquiditätslage, d.h. wie sich Kassen- und Bankbestände entwickelt haben.

Abbildung 5: Inhalte Jahresabschluss

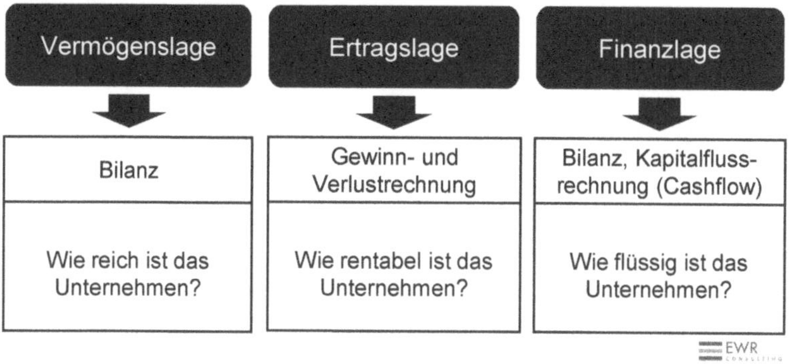

b. Adressaten

Externe

Adressaten des Jahresabschlusses sind vor allem Kapitalgeber (Aktionäre, Gesellschafter und Banken), Lieferanten und Kunden sowie sonstige Geschäftspartner, die Belegschaft und ganz generell die interessierte Öffentlichkeit. In Summe also Personengruppen, die nicht der Unternehmensleitung angehören, weshalb auch vom »externen Rechnungswesen« gesprochen wird.

c. Einzelabschluss, Konzernabschluss

Der Jahresabschluss umfasst die Informationen eines einzelnen Unternehmens, den sogenannten **Einzelabschluss**. Sind mehrere Unternehmen miteinander über Beteiligungen verbunden, so sind diese dazu verpflichtet, ihre wirtschaftliche Situation als Ganzes in einem **Konzernabschluss** darzustellen. Dabei werden die Unternehmen einer Gruppe so zusammengefasst, als wären sie Teile eines einzigen großen Unternehmens, des Konzerns.

d. Vorschriften

HGB/IFRS

Unternehmen in Deutschland erstellen ihren Jahresabschluss nach den Vorschriften des deutschen Handelsrechts (HGB). Im Zuge der Globalisierung wurde es notwendig, Jahresabschlüsse nach international vergleichbaren Regelungen darzustellen. Deshalb sind kapitalmarktorientierte Unternehmen in Deutschland verpflichtet, ihren Konzernabschluss nach den International Financial Reporting Standards (IFRS) aufzustellen.

e. Wirtschaftsprüfungsbericht

Da der Jahresabschluss eine wichtige Informationsfunktion hat, ist er ab einer bestimmten Unternehmensgröße durch einen unabhängigen Wirtschaftsprüfer zu prüfen. Er hat festzustellen, ob der Jahresabschluss im Einklang mit den gesetzlichen Vorschriften steht und ein den **tatsächlichen** Verhältnissen entsprechendes Bild der Vermögens-, Finanz- und Ertragslage vermittelt sowie die Chancen und Risiken der zukünftigen Entwicklung zutreffend darstellt.
Im Rahmen seiner Jahresabschlussprüfung erstellt der Wirtschaftsprüfer einen Prüfungsbericht, der die Aussagekraft des Jahresabschlusses in der Regel erhöht, vor allem dann, wenn eine zusätzliche Analyse der Entwicklung der Vermögens-, Finanz- und Ertragslage sowie die Erläuterung wesentlicher Positionen und deren Veränderungen vorgenommen werden. Weiter werden unter Umständen in zusätzlichen Berichtsanlagen Informationen zur rechtlichen und wirtschaftlichen Lage gegeben, z. B. zu wichtigen Verträgen oder steuerlichen Verhältnissen.

Testat

Entspricht der Jahresabschluss den gesetzlichen Vorschriften, so erteilt der Wirtschaftsprüfer einen sogenannten Bestätigungsvermerk, der auch als Testat bezeichnet wird. Ein **Hinweis** oder eine **Einschränkung** im Testat deutet in den meisten Fällen auf wirtschaftliche Probleme hin. Wird ein Testat gar verweigert, so weist der Jahresabschluss entweder schwerwiegende Mängel auf oder es wird nicht von einem Fortbestehen des Unternehmens ausgegangen (sogenanntes **Going-Concern-Prinzip**).

f. Jahresabschlüsse im Internet

Frist: zwölf Monate

Da der Jahresabschluss der Information der interessierten **Öffentlichkeit** dient, sind Unternehmen gesetzlich verpflichtet, ihren Jahresabschluss innerhalb von zwölf Monaten auf entsprechenden Internetseiten des Bundes zu veröffentlichen. Die veröffentlichten Daten können ohne vorherige Anmeldung und kostenfrei aus dem elektronischen Bundesanzeiger (*www.bundesanzeiger.de*) oder dem elektronischen Handelsregister (*www.handelsregister.de*)[13] abgerufen werden.

13 Auf dieser Website können darüber hinaus kostenfrei weitere Informationen zu Unternehmen abgerufen werden, z. B. Handelsregisterauszug, Gesellschaftsvertrag/Satzung.

Abbildung 6: Recherche im Bundesanzeiger

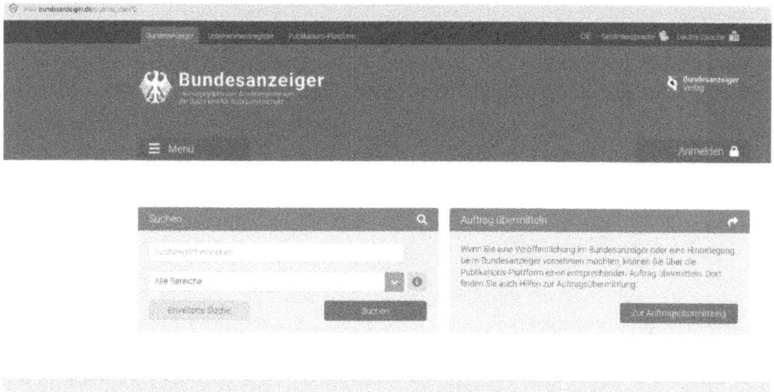

EWR

Abbildung 7: Recherche im Handelsregister

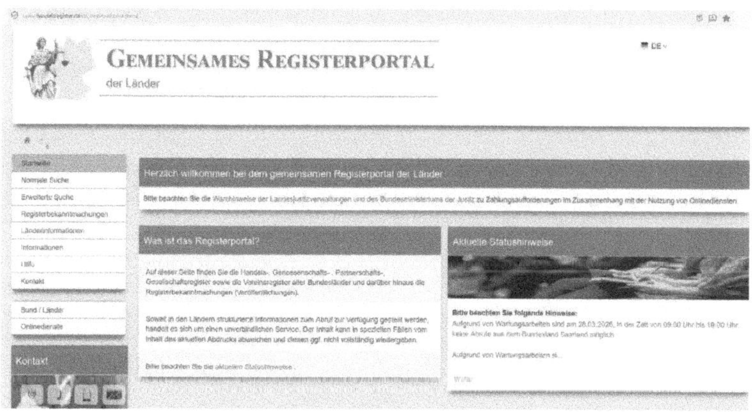

EWR

Hinweis:
Obwohl die Jahresfrist zur Veröffentlichung meist ausgenutzt wird und damit die veröffentlichten Jahresabschlüsse relativ alt sind, kann diese Vorschrift insbesondere für Wirtschaftsausschüsse interessant sein, die mit einer restriktiven Informationspolitik konfrontiert sind.

§ 267 HGB Ob der Jahresabschluss durch einen Wirtschaftsprüfer geprüft und in welchem Umfang dieser veröffentlicht werden muss, hängt von der jeweiligen Unternehmensgröße ab. Dabei wird zwischen **kleinen, mittleren** und **großen** Gesellschaften unterschieden (§ 267 HGB). Grundsätzlich müssen alle Kapitalgesellschaften ihren Jahresabschluss veröffentlichen, je nach Größe existieren jedoch Erleichterungen. Darüber hinaus existieren **Befreiungsvorschriften** u.a. für Personengesellschaften und für Unternehmen, die in einen Konzernabschluss einbezogen werden.

> **Tipp:**
> Der WA sollte sich im Rahmen der Jahresabschlusserläuterung ausführlich mit den Informationen in Jahresabschluss und Wirtschaftsprüfungsbericht beschäftigten.

2. Bilanz

Aktiva und Passiva Die Bilanz stellt zu einem Stichtag, in der Regel ist dies der 31. Dezember, Vermögen und Schulden sowie das von den Anteilseignern eingelegte bzw. vom Unternehmen erwirtschaftete eigene Kapital (= Eigenkapital) dar.

Auf der Aktivseite der Bilanz (= Aktiva) wird die Mittelverwendung dargestellt, beispielsweise in welche Anlagen und Maschinen das Unternehmen investiert hat. Auf der Passivseite (= Passiva) wird hingegen die Mittelherkunft aufgezeigt, d.h. inwiefern das Unternehmen sich über Eigenkapitel oder Schulden (= Fremdkapital) finanziert:

Abbildung 8: Vereinfachte Bilanzgliederung

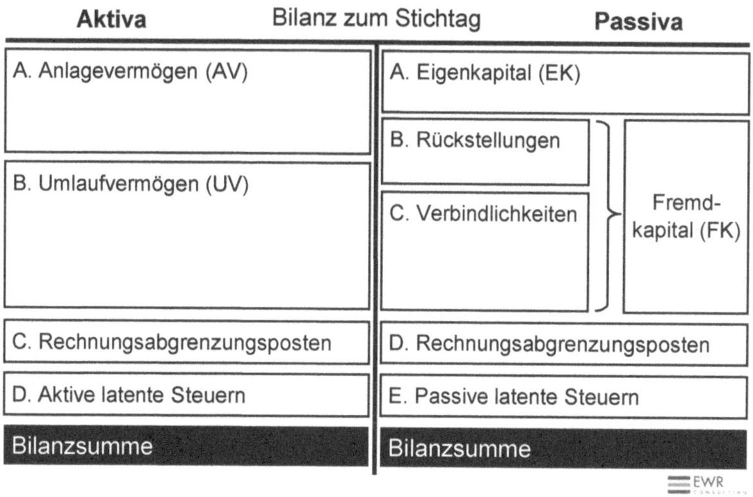

a. Aktiva

Anlage- und Umlaufvermögen

Als Vermögensgegenstände werden auf der Aktivseite der Bilanz alle wirtschaftlichen Werte eines Unternehmens aufgeführt, die selbständig bewertbar und verkehrsfähig, d. h. veräußerbar sind. Auf der Aktivseite der Bilanz werden die Positionen Anlage- und Umlaufvermögen unterschieden (§ 266 HGB). Unterscheidungskriterium ist dabei die **Dauer**, mit der die jeweiligen Vermögensgegenstände im Unternehmen verbleiben. Vermögensgegenstände, die dauerhaft dem Geschäftsbetrieb dienen sollen, werden dem Anlagevermögen zugeordnet. Kurzfristige Vermögensgegenstände, die regelmäßig innerhalb eines Geschäftsjahres verbraucht werden, sind im Umlaufvermögen erfasst, z. B. Rohmaterial.

Abbildung 9: Aktivseite der Bilanz

Aktiva					Veränderung	
T€	Vorjahr	in %	Jahr	in %	absolut	in %
Immaterielle Vermögensgegenstände	51	1,5%	55	1,6%	4	7,8%
Sachanlagevermögen	1.347	39,8%	1.287	37,1%	-60	-4,5%
Finanzanlagevermögen	897	26,5%	993	28,6%	96	10,7%
Anlagevermögen	**2.295**	**67,8%**	**2.335**	**67,2%**	**40**	**1,7%**
Vorräte	293	8,7%	349	10,0%	56	19,1%
Forderungen aus Lieferungen und Leistungen	285	8,4%	329	9,5%	44	15,4%
Forderungen gegen verbundene Unternehmen	451	13,3%	355	10,2%	-96	-21,3%
Sonstige Vermögensgegenstände	50	1,5%	59	1,7%	9	18,0%
Kassen- und Bankbestände	12	0,4%	46	1,3%	34	>100%
Umlaufvermögen	**1.091**	**32,2%**	**1.138**	**32,8%**	**47**	**4,3%**
Bilanzsumme	**3.386**	**100,0%**	**3.473**	**100,0%**	**87**	**2,6%**

EWR CONSULTING

aa. Anlagevermögen

Das Anlagevermögen unterteilt sich in drei Klassen:

- **Immaterielle Vermögensgegenstände:** In dieser Position werden Vermögensgegenstände dargestellt, die nicht körperlich erfasst werden können. Hierzu zählen beispielsweise erworbene Patente, Softwarelizenzen oder gewerbliche Schutzrechte.
- **Sachanlagen:** Als nächste Gruppe von Vermögensgegenständen finden sich die Sachanlagen in der Bilanz. Hierunter werden alle materiellen Vermögensgegenstände im Eigentum des Unternehmens gefasst, die dauerhaft dem Geschäftsbetrieb dienen, also Grundstücke und Gebäude, Maschinen und Technische Anlagen (z. B. Produktionsanlagen) sowie die Betriebs- und Geschäftsausstattung (z. B. Fuhrpark, Laptops und Schreibtische). Anlagen im Bau werden gesondert ausgewiesen.
- **Finanzanlagen:** Unter den Finanzanlagen werden Beteiligungen und Anteile an Unternehmen, langfristige Wertpapiere oder Ausleihungen gefasst.

Buchwert

Da sich Anlagevermögen wie Maschinen und technische Anlagen im Zeitablauf abnutzen und damit weniger wert werden, muss dieser **Werteverlust** in der Bilanz abgebildet werden. Zu jedem Bilanzstichtag wird daher ermittelt, wie sich der bilanzielle Wert des Anlagevermögens, der sogenannte Buchwert, entwickelt hat. Der Buchwert ermittelt sich aus den Anschaffungskosten abzüglich des rechnerischen Werteverlustes, den

Abschreibungen. Zur Ermittlung der Abschreibungen werden die Anschaffungskosten gleichmäßig über die wirtschaftliche Nutzungsdauer des Anlagegutes verteilt. Dies wird (lineare) Abschreibung genannt.

Beispiel:
Ein Unternehmen erwirbt zum 1. Januar eines Jahres eine Maschine zu Anschaffungskosten von 100000 EUR, die über zehn Jahre genutzt werden soll. Über die erwartete Nutzungsdauer von zehn Jahren ergibt sich damit eine jährliche Abschreibung von 10000 EUR (100000 EUR ÷ 10 Jahre). Nach einem Jahr der Nutzung wird damit in der Bilanz zum 31.12. ein Buchwert für die Maschine von 90000 EUR gezeigt (100000 EUR – 10000 EUR).
Nach zehn Jahren ist die Maschine vollständig abgeschrieben, der Buchwert liegt bei Null bzw. bei einem Erinnerungswert von einem Euro. Dies bedeutet jedoch nicht, dass die Maschine verschrottet werden muss: Sofern die Maschine noch funktionsfähig ist, kann sie weiterhin im Unternehmen eingesetzt werden. Abschreibung und Buchwertermittlung stellen einen rechnerischen Werteverlust dar.
Wenn allerdings die Maschine bereits nach zwei Jahren einen Totalschaden hat und zu verschrotten ist, muss der Wertverlust mit einer sogenannten außerplanmäßigen Abschreibung erfasst werden, die Maschine wird vollständig abgeschrieben.

Da das Anlagevermögen für Unternehmen von hoher Relevanz ist, wird seine Entwicklung im sogenannten Anlagespiegel **gesondert** dargestellt. Der Anlagespiegel ist Teil des Jahresabschlusses. In ihm werden die historischen Anschaffungs- und Herstellungskosten, die Abschreibungen sowie die verbleibenden Buchwerte der einzelnen Klassen des Anlagevermögens dargestellt, Anlagenabgänge werden gesondert ausgewiesen. **Anlagespiegel**

Hinweis:
Das Investitionsverhalten eines Unternehmens, also Anlagenkäufe und -verkäufe sowie planmäßige und außerplanmäßige Abschreibungen verdienen die besondere Aufmerksamkeit des WA. Da gemietete oder geleaste Anlagen und Maschinen in der Regel nicht im Anlagevermögen bilanziert werden, sind Investitionen über Leasing zusätzlich zu den im Anlagespiegel aufgeführten Investitionen zu betrachten. Wird jährlich nicht einmal mehr in Höhe der Abschreibungen investiert bzw. geleast, so führt dies zu einem Schrumpfen des Anlagevermögens (einschließlich geleaster Maschinen) und damit möglicherweise zu einem **Investitionsstau**. Darunter wird folgender Zustand gefasst: Notwendige Investitionen werden nicht rechtzeitig vorgenommen, d.h. die »Liste« der notwendigen Investitionen wird immer länger.

bb. Umlaufvermögen

Das Umlaufvermögen besteht im Wesentlichen aus Vorräten, Forderungen, sonstigen Vermögensgegenständen und liquiden Mitteln, d. h. Bank- und Kassenguthaben des Unternehmens.

aaa. Vorratsvermögen

Das Vorratsvermögen setzt sich aus den folgenden Positionen zusammen:

- **Roh-, Hilfs- und Betriebsstoffe**: Hier werden zum Bilanzstichtag auf Lager liegende Vormaterialien, z. B. Bleche oder Kunststoffgranulate, Schmierstoffe, etc. erfasst.
- **Unfertige Erzeugnisse und Leistungen**: Diese Position enthält unfertige Produkte und Dienstleistungen, die noch fertiggestellt werden müssen, z. B. Karosserien in der Automobilfertigung.
- **Fertige Erzeugnisse und Waren**: Selbsterstellte oder gekaufte Waren im Zustand der Versandfertigkeit, z. B. fertig produzierte LKW, die noch nicht an einen Kunden verkauft wurden.

Wertberichtigung

Bei der jährlichen Inventur zum Geschäftsjahresende werden die Vorratsbestände körperlich erfasst (gezählt, gemessen, gewogen) und in Geld bewertet. Unter anderem werden Bestände, die veraltet oder nicht gängig sind, auf den am Abschlussstichtag ermittelbaren Marktpreis **abgewertet**. Das bedeutet: Ihr Wertansatz wird in der Bilanz nach unten korrigiert. Man spricht hier von einer »Wertberichtigung«.

> **Tipp:**
> Da das Vorratsvermögen eine beträchtliche Vermögensposition darstellt und im Produktionsprozess vorfinanziert werden muss, ist Augenmerk auf Veränderungen zu legen. Hat sich das Vorratsvermögen gegenüber dem Vorjahr deutlich erhöht, obwohl sich das Geschäftsvolumen kaum verändert hat? Gibt es einen starken Aufbau an Fertigerzeugnissen? Werden hohe Abschläge auf Fertigerzeugnisse notwendig, weil diese nicht oder nur schwer zu verkaufen sind?

bbb. Forderungen

Hinsichtlich der Forderungen sind vor allem folgende Positionen von Interesse:

- Forderungen aus Lieferungen und Leistungen;
- Forderungen gegen Gesellschafter, verbundene Unternehmen oder Beteiligungsunternehmen.

Offene Rechnungen

Unter den Forderungen aus Lieferungen und Leistungen werden alle zum Stichtag noch offenen Rechnungen an Kunden ausgewiesen. Auch hier stellt sich die Frage, in welchem Umfang sie vom Unternehmen vorfinan-

ziert werden müssen: je höher die ausstehenden Forderungen, desto größer die **Kapitalbindung**. Das regelmäßige »Eintreiben« von Forderungen kann demnach dabei behilflich sein, die Finanzlage eines Unternehmens zu verbessern.
Forderungen aus Lieferungen und Leistungen werden ebenfalls regelmäßig dahingehend überprüft, ob der Kunde die Rechnung bezahlen kann. Eine Forderung wird – ganz oder auch nur teilweise – wertberichtigt, wenn sie uneinbringlich erscheint. Dies kann der Fall sein, wenn der Kunde in Zahlungsschwierigkeiten oder gar insolvent ist.

Alle Forderungen

Das deutsche Handelsrecht fordert den gesonderten Ausweis von Forderungen gegen verbundene Unternehmen und Gesellschafter. In dieser Position werden nicht nur offene Forderungen aus Lieferungen und Leistungen ausgewiesen, sondern **alle** Forderungspositionen im Unternehmensverbund zusammengefasst. In dieser Position können neben den Forderungen aus Lieferungen und Leistungen im Konzernverbund auch Forderungen aus Cash-Pooling ausgewiesen sein (siehe hierzu ddd. Wertpapiere und liquide Mittel).

> **Tipp:**
> Im Rahmen der Erläuterung des Jahresabschlusses sollten sich der (Gesamt-)Betriebsrat und der WA darüber informieren, wie sich die Forderungen im Vorjahresvergleich verändert haben und ob Wertberichtigungen in ungewöhnlicher Höhe stattfanden. Weiter kann von Interesse sein, ob Forderungen gegen verbundene Unternehmen und Gesellschafter bestehen und woraus diese resultieren.

ccc. Sonstige Vermögensgegenstände

Weiter werden im Umlaufvermögen die sonstigen Vermögensgegenstände ausgewiesen. Entgegen ihrer Bezeichnung enthält die Position keine Gegenstände im materiellen Sinn, sondern bildet einen Sammelposten für sämtliche Forderungen, die nicht in oben beschriebene Kategorien fallen. Beispiele hierfür sind Steuererstattungsansprüche oder Reisekostenvorschüsse. Bei hohen Werten bzw. auffälliger Veränderung lohnt häufig die Durchsicht einzelner Positionen.

ddd. Wertpapiere und liquide Mittel

Unter den Begriff der liquiden Mittel (auch flüssige Mittel genannt) werden Kassen-, Bankbestände und Schecks gefasst. Wertpapiere wie Aktien, die nur kurzfristig gehalten werden, werden ebenfalls in dieser Position erfasst.

Näheres zur Entwicklung der Liquidität im Kapitel V. 4. ab Seite 62

In dieser Position werden jedoch keine konzerninternen Forderungen und Verbindlichkeiten aus dem sog. Cash-Pooling ausgewiesen, diese finden sich in den Forderungen gegen bzw. Verbindlichkeiten gegenüber verbundenen Unternehmen.
Ziel des Cash-Pooling ist eine effizientere Steuerung der Liquidität im gesamten Konzern. Es bedeutet, dass ein Konzern die Guthaben und Fehlbeträge seiner Gesellschaften gemeinsam steuert. So wird überschüssiges Geld einer Gesellschaft genutzt, um den Finanzbedarf einer anderen zu decken. Dadurch braucht der Konzern oft weniger Bankkredite und spart Zinsen.

! **Die Entwicklung der Liquidität ist für Unternehmen von entscheidender Bedeutung. Der Jahresabschluss stellt allerdings nur die sogenannte Stichtagsliquidität dar, d. h. die Kassen- und Bankbestände zum Bilanzstichtag.**

eee. Aktive Rechnungsabgrenzungsposten

In den aktiven Rechnungsabgrenzungsposten werden (Voraus-)Zahlungen abgebildet, die das Unternehmen für Leistungen, die erst in den kommenden Geschäftsjahren in Anspruch genommen werden können, bereits getätigt hat. Beispiele hierfür sind Vorauszahlungen für Mieten oder für Wartungsleistungen.

fff. Latente Steuern

Auf der Aktivseite dargestellte latente Steuern bilden zukünftige Steuervorteile ab, diejenigen auf der Passivseite zukünftige Steuerlasten.

b. Passiva

Eigen- und Fremdkapital

Während die Aktivseite der Bilanz die Mittelverwendung aufzeigt, d. h. in welche Vermögensgegenstände das Unternehmen sein Kapital investiert hat, gibt die Passivseite Auskunft über die **Mittelherkunft**, d. h. über die Finanzierung der von Unternehmen bilanzierten Vermögensgegenstände. Auf der Passivseite werden Eigen- und Fremdkapital des Unternehmens ausgewiesen. Während das Eigenkapital das von den Anteilseignern eingelegte (d. h. von den Eigentümern gezahlte) Kapital sowie die erzielten Gewinne und/oder Verluste enthält, umfasst das Fremdkapital alle Schulden des Unternehmens. Dabei wird zwischen Rückstellungen und Verbindlichkeiten unterschieden.

Abbildung 10: Passivseite der Bilanz

Passiva					Veränderung	
T€	Vorjahr	in %	Jahr	in %	absolut	in %
Gezeichnetes Kapital	100	3,0%	100	2,9%	0	0,0%
Rücklagen	920	27,2%	920	26,5%	0	0,0%
Bilanzgewinn	0	0,0%	0	0,0%	0	-
Eigenkapital	**1.020**	**30,1%**	**1.020**	**29,4%**	**0**	**0,0%**
Pensionsrückstellungen	416	12,3%	431	12,4%	15	3,6%
Steuerrückstellungen	174	5,1%	166	4,8%	-8	-4,6%
Sonstige Rückstellungen	374	11,0%	366	10,5%	-8	-2,1%
Rückstellungen	**964**	**28,5%**	**963**	**27,7%**	**-1**	**-0,1%**
Verbindlichkeiten gegenüber Kreditinstituten	790	23,3%	599	17,2%	-191	-24,2%
Verbindlichkeiten aus Lieferungen und Leistungen	194	5,7%	282	8,1%	88	45,4%
Verbindlichkeiten gegenüber verbundenen Unternehmen	332	9,8%	478	13,8%	146	44,0%
Sonstige Verbindlichkeiten	86	2,5%	131	3,8%	45	52,3%
Verbindlichkeiten	**1.402**	**41,4%**	**1.490**	**42,9%**	**88**	**6,3%**
Bilanzsumme	**3.386**	**100,0%**	**3.473**	**100,0%**	**87**	**2,6%**

EWR CONSULTING

aa. Eigenkapital

Thesaurierung/ Ausschüttung

Im Eigenkapital werden die Mittel erfasst, die von den Gesellschaftern in das Unternehmen eingelegt wurden. Weiter werden im Eigenkapital die Gewinne bzw. Verluste des Unternehmens bilanziert. Gewinne können entweder zur Stärkung der Kapitalbasis im Unternehmen belassen (= thesauriert) oder entnommen (= ausgeschüttet) werden. Da die Höhe der Eigenkapitalausstattung eines Unternehmens vor allem in Krisenzeiten ein Schutz ist, ist die **Ausschüttungspolitik** für die Interessenvertretung von hohem Interesse. Grundsätzlich ist es aus Sicht der Beschäftigten eher positiv, erwirtschaftete Gewinne nicht auszuschütten, sondern zur Stärkung der Kapitalstruktur im Unternehmen zu belassen.

Ein Sonderfall ist der sogenannte **Ergebnisabführungsvertrag**: Ist ein solcher Vertrag mit dem Mutterunternehmen geschlossen, so ist der Gewinn am Geschäftsjahresende an das Mutterunternehmen abzuführen, bei Verlust besteht entsprechend ein Anspruch auf Ausgleich.

> **Hinweis:**
> Die Ergebnisverwendung sollte im Rahmen der Jahresabschlussbesprechung dargestellt werden. Hier ist von Interesse, ob Gewinne zur Stärkung der Finanzkraft im Unternehmen einbehalten oder an die Gesellschafter ausgeschüttet werden.

bb. Rückstellungen

Als Rückstellungen werden künftige Verpflichtungen eines Unternehmens bezeichnet, deren Höhe und Zahlungszeitpunkt zwar ungewiss, jedoch mit hinreichender Sicherheit zu bestimmen sind. Rückstellungen beinhalten also immer – im Gegensatz zu Verbindlichkeiten – eine gewisse Schätzkomponente und damit Ermessensspielräume.

> **Beispiel:**
> Unternehmen wissen, dass für einen gewissen Anteil ihrer verkauften Produkte Garantieleistungen notwendig werden. Für den konkreten Einzelfall sind jedoch Zeitpunkt und Höhe der Garantieleistung nicht bekannt. Entsprechend muss eine Rückstellung aufgrund von Erfahrungswerten der Vergangenheit gebildet werden, welche die im Garantiefall erwarteten Verpflichtungen abdeckt.

Innerhalb der Rückstellungen wird zwischen folgenden Kategorien unterschieden:

- **Rückstellungen für Pensionen und ähnliche Verpflichtungen** bilden die Verbindlichkeiten aus einer Pensionszusage des Unternehmens gegenüber den Beschäftigten ab.
- **Steuerrückstellungen** stellen Verpflichtungen für anstehende Steuerzahlungen aus aktuellen bzw. vergangenen Gewinnen dar.
- **Sonstige Rückstellungen** erfassen alle anderen Rückstellungen, die nicht in obige Kategorien fallen. Darunter fallen alle Verpflichtungen aus dem Produktionsbetrieb, wie Kulanz- und Garantieleistungen, Nacharbeiten oder auch Rückstellungen für ausstehende Rechnungen und Rückbauverpflichtungen. Typischerweise werden darüber hinaus Personalrückstellungen gebildet. Auch können Rückstellungen für geplante und benannte Restrukturierungen gebildet sein.

> **Hinweis:**
> Im Jahresabschluss erfolgt in der Regel eine Darstellung der wesentlichen Rückstellungspositionen. (Gesamt-)Betriebsrat und WA sollten sich die Zusammensetzung der sonstigen Rückstellungen aufgliedern lassen, idealerweise anhand eines sogenannten Rückstellungsspiegels. Von Interesse

sollten dabei vor allem die Personalrückstellungen sein. Hier sind gegebenenfalls neben den üblichen Rückstellungen für Urlaub, Gleitzeit, Altersteilzeit, Jubiläen und Tantiemen auch Rückstellungen für Restrukturierung bzw. Abfindungen erfasst.

cc. Verbindlichkeiten

Fristigkeit

Bei den Verbindlichkeiten eines Unternehmens ist nicht nur ihre Höhe, sondern auch ihre Fälligkeit (= Fristigkeit) relevant, also die Frist innerhalb derer die Zahlung zu leisten ist. Im Bilanzausweis muss zwischen **kurzfristigen** Verbindlichkeiten, die innerhalb eines Jahres zur Zahlung fällig werden, und **langfristigen** Verbindlichkeiten, die eine Fälligkeit von mehr als fünf Jahren haben, unterschieden werden.

aaa. Verbindlichkeiten gegenüber Kreditinstituten

Bei den Verbindlichkeiten gegenüber Kreditinstituten (= Bankverbindlichkeiten) sind vor allem Höhe und Laufzeit sowie die gewährten Konditionen wie der Zinssatz von Interesse.

bbb. Erhaltene Anzahlungen auf Bestellungen

Die Position »erhaltene Anzahlungen auf Bestellungen« enthält Kundenanzahlungen, die insbesondere im Anlagenbau häufig zu den Zahlungsmodalitäten gehören.

ccc. Verbindlichkeiten aus Lieferungen und Leistungen

In den Verbindlichkeiten aus Lieferungen und Leistungen werden die offenen Rechnungen der Lieferanten erfasst.

Tipp:
Die Entwicklung der Verbindlichkeiten aus Lieferungen und Leistungen sind vom Gremium zu beobachten. Steigen diese dauerhaft überproportional zum Umsatz an, so nutzt das Unternehmen vielleicht die zinsfreie Finanzierung durch seine Lieferanten (so genannte Lieferanten-Kredite). Allerdings kann dies auch bedeuten, dass das Unternehmen seine Rechnungen einfach nicht mehr bezahlen kann und könnte damit ein Hinweis auf finanzielle Schwierigkeiten sein. Die entsprechenden Hintergründe sollte sich der WA also erläutern lassen.

ddd. Verbindlichkeiten gegenüber verbundenen Unternehmen, Gesellschaftern und Beteiligungsunternehmen

Wie auch auf der Aktivseite die entsprechenden Forderungen sind die Verbindlichkeiten gegenüber verbundenen Unternehmen, also Konzerngesellschaften, Beteiligungen oder Gesellschaftern von besonderem Interesse. In dieser Position können neben den Verbindlichkeiten aus Lieferungen und Leistungen im Konzernverbund auch Verbindlichkeiten aus Cash-Pooling ausgewiesen sein (siehe hierzu ddd. Wertpapiere und liquide Mittel).

> **Tipp:**
> Die wesentlichen Schuldpositionen des Unternehmens sollten hinsichtlich Art, Umfang, Laufzeit und Konditionen bekannt sein. Hierunter fallen vor allem Bankverbindlichkeiten, Verbindlichkeiten aus Lieferungen und Leistungen sowie Verbindlichkeiten im Konzernverbund oder gegenüber Gesellschaftern.

eee. Sonstige Verbindlichkeiten

Auch auf der Passivseite existiert ein Sammelposten für Verbindlichkeiten jeglicher Art, die nicht den bereits aufgeführten Kategorien zuzuordnen sind. Die »Sonstigen Verbindlichkeiten« enthalten unter anderem Umsatzsteuerverbindlichkeiten und Verbindlichkeiten im Rahmen der sozialen Sicherheit, d. h. abzuführende Sozialversicherungsbeiträge.

c. Bilanzanalyse

Kennzahlen

Zur Beurteilung der Vermögens- und Finanzierungsstruktur eines Unternehmens werden in der Regel keine absoluten Werte herangezogen, sondern Verhältniskennzahlen. Sie sind für einen Unternehmensvergleich oder eine Analyse über mehrere Jahre hinweg aussagekräftiger. Zur Analyse der Bilanz werden Bilanzpositionen entweder ins Verhältnis zur Bilanzsumme (= **vertikale** Kennzahlen) oder ins Verhältnis zueinander gesetzt (= **horizontale** Kennzahlen):

Abbildung 11: Bilanzkennzahlen

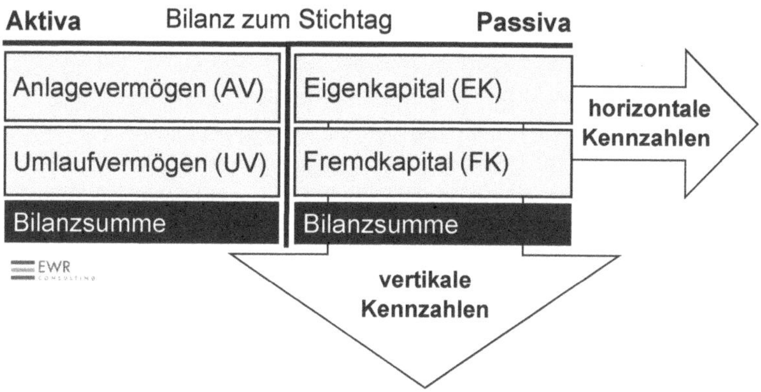

Die gebräuchlichste Bilanzkennzahl ist die Eigenkapitalquote. Sie stellt das Verhältnis von Eigenkapital zur Bilanzsumme dar: **Eigenkapitalquote**

$$\text{Eigenkapitalquote (\%)} = \frac{\text{Eigenkapital}}{\text{Bilanzsumme}} \times 100$$

Sie zeigt auf einen Blick, welcher Anteil des Vermögens **eigen- bzw. fremdfinanziert** ist. In gleicher Weise lassen sich auch andere Quoten berechnen, z. B. der Anteil der Bankverbindlichkeiten an der Bilanzsumme.

Beispiel:
Die Eigenkapitalquote stellt das Verhältnis von Eigenkapital zur Bilanzsumme dar. Eine Eigenkapitalquote von 30 % bedeutet, dass das gesamte Vermögen (= Bilanzsumme) zu 70 % über Fremdkapital finanziert ist. Dies können z. B. Rückstellungen, Bankverbindlichkeiten und Verbindlichkeiten aus Lieferungen und Leistungen sein. Die restlichen 30 % werden über eigenes Kapital (= Eigenkapital) finanziert, für das keine Zinsen anfallen. Allgemein gesprochen, ist ein Unternehmen umso krisenfester, je höher die Eigenkapitalquote ist. Ein Richtwert für die Höhe der Eigenkapitalquote ist allerdings schwer festzulegen. Die Beurteilung hängt z. B. davon ab, in welchem Markt das Unternehmen tätig ist, von seinem Geschäftsmodell und nicht zuletzt von seinen Eigentümern. Im Allgemeinen wird ein Wert von über 30 % als positiv beurteilt.

Auch die Analyse der sogenannten Stichtagsliquidität kann hilfreich sein. Ihr Name verweist darauf, dass sie nur einen Liquiditätsüberschuss bzw. **Stichtagsliquidität** eine Liquiditätsunterdeckung zu einem bestimmten Tag, in der Regel zum Geschäftsjahresende, ermittelt.

Hinweis:
Zur Analyse der Stichtagsliquidität werden den liquiden Mitteln (Bank- und Kassenbestände) die kurzfristigen Verbindlichkeiten (z. B. Verbindlichkeiten aus Lieferungen und Leistungen, kurzfristige Verbindlichkeiten gegenüber Kreditinstituten) gegenübergestellt. Ein positiver Saldo bedeutet, dass das Unternehmen seine kurzfristigen Verbindlichkeiten mit den vorhandenen liquiden Mitteln decken kann.

3. Gewinn- und Verlustrechnung

Im Gegensatz zur Bilanz, welche die Vermögenslage der Gesellschaft zu einem Stichtag abbildet, umfasst die Gewinn- und Verlustrechnung die **Summe** aller Geschäftsvorfälle eines **Geschäftsjahres**, in der Regel den Zeitraum vom 1. Januar bis zum 31. Dezember.
Die Gewinn- und Verlustrechnung kann in zwei unterschiedlichen Varianten dargestellt werden:

- dem **Gesamtkostenverfahren** (§ 275 Abs. 2 HGB) und
- dem **Umsatzkostenverfahren** (§ 275 Abs. 3 HGB).

Beide Methoden führen zum selben Jahresergebnis, lediglich die Darstellungsform ist eine andere. Der aus praktischer Sicht relevante Unterschied liegt in der **Gliederung**: Im Gesamtkostenverfahren werden die Kosten nach ihrer Art dargestellt, also z. B. die Material- und Personalkosten. Im Umsatzkostenverfahren werden die Kosten hingegen den betrieblichen Funktionen zugeordnet, z. B. Verwaltungs- und Vertriebskosten. Im handelsrechtlichen Jahresabschluss wird die Gewinn- und Verlustrechnung meist nach dem Gesamtkostenverfahren dargestellt.

Abbildung 12: Struktur der Gewinn- und Verlustrechnung

Näheres zu den Kennzahlen auf den Seiten 61 und 62

Struktur Gewinn- und Verlustrechnung

+ Betriebsbezogene Erträge
- Betriebsbezogene Aufwendungen
= Betriebsergebnis
≈ EBIT (Earnings before Interest and Taxes)

+ Finanzerträge
- Finanzaufwendungen
= Finanzergebnis

= Ergebnis vor Steuern
≈ EBT (Earnings before Taxes)

- Steuern vom Einkommen und vom Ertrag (laufende Steuern + latente Steuern)
= Ergebnis nach Steuern

- Sonstige Steuern

= Jahresüberschuss/ -fehlbetrag

Verbleib im Unternehmen
oder
Ausschüttung

EWR

Gesamt- und Umsatzkostenverfahren zeigen lediglich bis zum Betriebsergebnis – also der Erfassung der operativen Erträge und Aufwendungen – eine unterschiedliche Gliederung. Danach unterscheiden sich die beiden Verfahren nicht mehr.

Jahresüberschuss/ -fehlbetrag

Nach Berücksichtigung des Finanzergebnisses, im Wesentlichen Zinserträge oder -aufwendungen, und dem Abzug von Steuern verbleibt ein Gewinn oder Verlust, auch als Jahresüberschuss bzw. -fehlbetrag bezeichnet.

> **Tipp:**
> Für (Gesamt-)Betriebsrat und WA ist die Gewinn- und Verlustrechnung eine wichtige Informationsquelle innerhalb des Jahresabschlusses, da sie nicht nur Auskunft über die Höhe von Gewinn oder Verlust gibt, sondern auch über deren Entstehung.

Für das Verständnis der Gewinn- und Verlustrechnung ist der **Vergleich** zweier (oder mehrerer) Geschäftsjahre hilfreich. Der absolute und prozentuale Vergleich von mindestens zwei Geschäftsjahren erleichtert Aussagen über die wesentlichen Gründe für die Entwicklung der Ertragslage.

a. Gesamtkostenverfahren

aa. Gesamtleistung

Das Gesamtkostenverfahren setzt die betrieblichen Aufwendungen und Erträge ins Verhältnis zur Gesamtleistung.

Abbildung 13: Gesamtkostenverfahren (GKV)

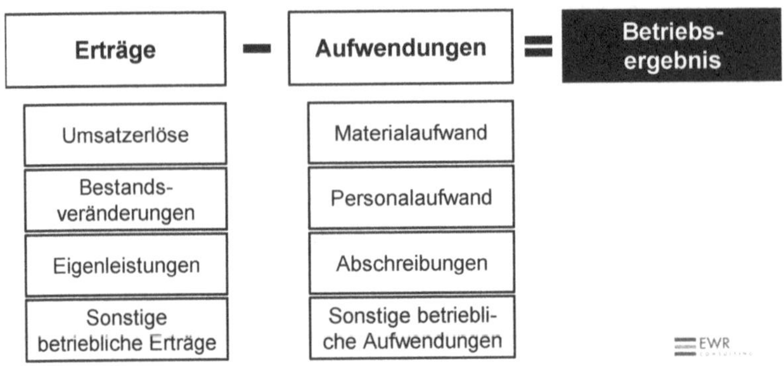

Erläuterung:
Die **Umsatzerlöse** umfassen alle während eines Geschäftsjahres berechneten Lieferungen und Leistungen des Unternehmens, unabhängig davon, ob sie bereits bezahlt wurden oder nicht. Umsatzerlöse resultieren entweder aus dem Verkauf, der Vermietung oder der Verpachtung von Produkten oder der Erbringung von Dienstleistungen. Für die Beurteilung der Umsätze sind sowohl die Entwicklung der verkauften Menge als auch die der Preise von maßgeblicher Bedeutung. So sind steigende Umsatzerlöse nicht zwingend positiv, wenn sie beispielsweise durch massive Preiszugeständnisse erkauft wurden.
Die **Bestandserhöhung** bildet den Wert der im Geschäftsjahr produzierten unfertigen und fertigen Erzeugnisse ab, die noch nicht veräußert wurden. Sie stellt die »Gegenposition« für die hierfür angefallenen Aufwendungen, z.B. für Material und Personal dar. Wird in der Gewinn- und Verlustrechnung beispielsweise eine Bestandsminderung angesetzt, so wurden Erzeugnisse verkauft, die in vorhergehenden Geschäftsjahren produziert wurden.
In den **aktivierten Eigenleistungen** werden selbst erstelltes Anlagevermögen, z.B. spezielle Formen und Werkzeuge eines Automobilzulieferers, oder aktivierte Entwicklungsleistungen abgebildet.

Die Gesamtleistung stellt die Summe aus Umsatzerlösen, Bestandsveränderungen und aktivierten Eigenleistungen dar:
Gesamtleistung = Umsatzerlöse + Bestandsveränderungen + aktivierte Eigenleistungen

Abbildung 14: Betriebsergebnis nach Gesamtkostenverfahren

Betriebsergebnis nach dem Gesamtkostenverfahren (GKV)					Veränderung	
T€	Vorjahr	in %	Jahr	in %	absolut	in %
Umsatzerlöse	**1.000**	**100,3%**	**1.150**	**99,7%**	**150**	**15,0%**
Bestandsveränderung	-4	-0,4%	2	0,2%	6	n.r.
andere aktivierte Eigenleistungen	1	0,1%	1	0,1%	0	0,0%
Gesamtleistung	**997**	**100,0%**	**1.153**	**100,0%**	**156**	**15,6%**
Sonstige betriebliche Erträge	28	2,8%	32	2,8%	4	14,3%
Materialaufwand	-505	-50,7%	-605	-52,5%	-100	19,8%
Personalaufwand	-270	-27,1%	-320	-27,8%	-50	18,5%
Abschreibungen	-85	-8,5%	-99	-8,6%	-14	16,5%
Sonstige betriebliche Aufwendungen	-110	-11,0%	-125	-10,8%	-15	13,6%
Betriebsergebnis	**55**	**5,5%**	**36**	**3,1%**	**-19**	**-34,5%**

bb. Sonstige betriebliche Erträge

In der Sammelposition »Sonstige betriebliche Erträge« werden Erträge gezeigt, die nicht den Umsatzerlösen zugerechnet werden. Diese können z.B. Erlöse aus dem Verkauf von Gegenständen des Anlagevermögens beinhalten.

Tipp:
Haben die »Sonstigen betrieblichen Erträge« einen maßgeblichen Ergebniseinfluss, so sollte nach einer Aufgliederung gefragt werden. Das Gewicht der »Sonstigen betrieblichen Erträge« für die Ergebnisdarstellung wird am besten deutlich, wenn deren Anteil an der Gesamtleistung betrachtet wird. Es ist besonders auf solche Erträge zu achten, die ein Unternehmen nur einmalig realisieren kann, z.B. den Verkauf einer Immobilie. Dies könnte darauf hindeuten, dass das Unternehmen sein »Tafelsilber« veräußert. Dann stünden in der nächsten Krise keine Reserven mehr zur Verfügung.

cc. Materialaufwand

Der Materialaufwand ist in produzierenden Unternehmen oftmals die **wichtigste** und größte Aufwandsposition. Zum Materialaufwand zählen nicht nur Roh-, Hilfs- und Betriebsstoffe sowie bezogene Waren, sondern auch Aufwendungen für bezogene Leistungen. Die bezogenen Leistungen können ebenso Aufwendungen für Leiharbeitskräfte oder Werkverträge enthalten. Diese können ggf. auch in den sonstigen betrieblichen Aufwendungen erfasst sein.

Rohertrag Eine zentrale Größe bei der Beurteilung der Gewinn- und Verlustrechnung stellt der Rohertrag dar:

Rohertrag = Gesamtleistung – Materialaufwand

Hinweis:
Der Rohertrag gibt Auskunft darüber, welcher Anteil der Gesamtleistung nach Abzug des Materialeinsatzes verbleibt, um die weiteren Kosten des Unternehmens zu decken bzw. um Gewinn zu erwirtschaften. Verschlechtert sich der Rohertrag, so ist dies in der Regel ein negatives Anzeichen für die wirtschaftliche Entwicklung.

dd. Personalaufwand

Zum Personalaufwand zählen neben den Bruttolöhnen und -gehältern auch die Sozialabgaben des Arbeitgebers sowie Aufwendungen für die Altersversorgung. Enthalten sind Geschäftsführervergütungen, nicht jedoch Aufsichtsratvergütungen oder Aufwendungen für Leiharbeitskräfte und Werkverträge. Fallen im Rahmen von Restrukturierungen Aufwendungen für einen geplanten Personalabbau an z. B. für Freiwilligenprogramme oder Sozialplan, sind diese ebenfalls im Personalaufwand enthalten.

Die Personalquote zeigt den Anteil der Personalaufwendungen an der Gesamtleistung.

$$\text{Personalquote (\%)} = \frac{\text{Personalaufwand}}{\text{Gesamtleistung}} \times 100$$

Tipp:
Der Personalaufwand ist für den WA eine zentrale Position der Gewinn- und Verlustrechnung. Die Personalquote wird oftmals von der Geschäftsführung in Vergleichen mit Wettbewerbern verwendet. Dies insbesondere dann, wenn die eigenen – vermeintlich zu hohen – Personalaufwendungen illustriert werden sollen. Hier ist jedoch immer zu klären, ob auch wirklich »Äpfel mit Äpfeln« verglichen werden.

ee. Abschreibungen

Näheres zu Abschreibungen auf Seite 44f.

Die Abschreibungen erfassen den rechnerischen Werteverlust des Anlagevermögens, wie bereits in den Ausführungen zur Bilanz beschrieben. Neben den planmäßigen werden in der Position auch außerplanmäßige Abschreibungen auf immaterielle Vermögensgegenstände und das Sachanlagevermögen erfasst. Liegen die Abschreibungen dauerhaft über den Investitionen, ist dies ein Indiz für eine **geringe Investitionstätigkeit** des Unternehmens, wenn die »fehlenden« Investitionen nicht durch geleastes Anlagevermögen ersetzt werden.

ff. Sonstige betriebliche Aufwendungen

Die Sammelposition »Sonstige betriebliche Aufwendungen« erfasst alle operativen Aufwendungen, die nicht den vorgenannten Positionen zuzurechnen sind. Hierunter fallen z. B. Miet- oder Leasingaufwendungen, Versicherungen, Werbekosten, Rechts- und Beratungskosten, Provisionen und Reisekosten.

b. Umsatzkostenverfahren

Umsatz als Bezugsgröße

Während das Gesamtkostenverfahren auf die Leistung eines Unternehmens ausgerichtet ist und Aufwendungen für produzierte, jedoch nicht veräußerte Mengen über die Bestandsveränderung abbildet, orientiert sich das Umsatzkostenverfahren nur an den **verkauften** Produkten, also den Umsatzerlösen. Ausgehend vom Umsatz werden die zur Erzielung der Umsatzerlöse anfallenden Kosten zugeordnet. Für die Analyse einer Gewinn- und Verlustrechnung nach dem Umsatzkostenverfahren ist deshalb der Umsatz die zentrale Basisgröße.

Abbildung 15: Umsatzkostenverfahren (UKV)

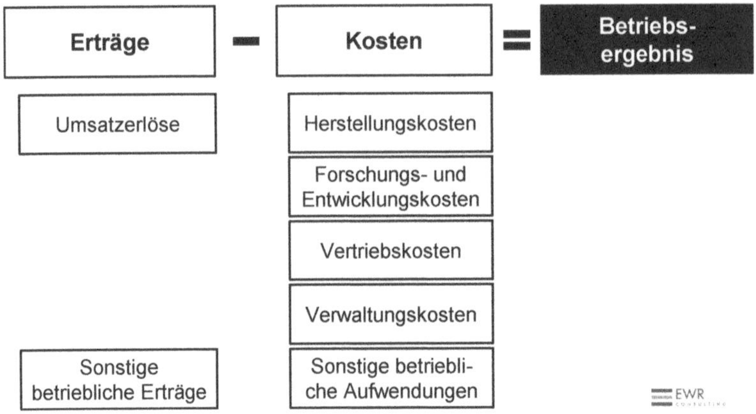

aa. Herstellungskosten

Die Herstellungskosten des Umsatzes enthalten den fertigungsbezogenen Material- und Personalaufwand, die Abschreibungen auf die Produktionsanlagen sowie die auf die Fertigung entfallenden sonstigen betrieblichen Aufwendungen, z. B. die Miete für die Produktionshalle.

Bruttoergebnis

Eine wesentliche Größe zur Beurteilung der Ertragslage stellt das Bruttoergebnis dar:

Bruttoergebnis = Umsatzerlöse – Herstellungskosten

Hinweis:
Das Bruttoergebnis gibt Auskunft darüber, welcher Anteil der Umsatzerlöse nach Abzug der Herstellungskosten verbleibt, um die weiteren Aufwendungen des Unternehmens zu decken bzw. um Gewinn zu erwirtschaften. Verschlechtert sich das Bruttoergebnis, so deutet dies in der Regel auf eine Verschlechterung der wirtschaftlichen Lage hin.

Abbildung 16: Betriebsergebnis nach Umsatzkostenverfahren

Betriebsergebnis nach dem Umsatzkostenverfahren (GKV)

T€	Vorjahr	in %	Jahr	in %	Veränderung absolut	in %
Umsatzerlöse	**1.000**	**100,0%**	**1.150**	**100,0%**	**150**	**15,0%**
Herstellungskosten	-799	-79,9%	-933	-81,1%	-134	16,8%
Bruttoergebnis	**201**	**20,1%**	**217**	**18,9%**	**16**	**8,0%**
Vertriebskosten	-50	-5,0%	-55	-4,8%	-5	10,0%
Verwaltungskosten	-120	-12,0%	-125	-10,9%	-5	4,2%
Sonstige betriebliche Erträge	38	3,8%	16	1,4%	-22	-57,9%
Sonstige betriebliche Aufwendungen	-14	-1,4%	-17	-1,5%	-3	21,4%
Betriebsergebnis	**55**	**5,5%**	**36**	**3,1%**	**-19**	**-34,5%**

Zusatzangaben zum UKV aus dem Anhang	**Vorjahr**	**in %**	**Jahr**	**in %**	**absolut**	**in %**
Materialaufwand	-505	-50,5%	-605	-52,6%	-100	19,8%
Personalaufwand	-270	-27,0%	-320	-27,8%	-50	18,5%
Abschreibungen	-85	-8,5%	-99	-8,6%	-14	16,5%

EWR CONSULTING

bb. Vertriebs-/Verwaltungskosten, Forschungskosten, sonstige Aufwendungen

Nach dem Bruttoergebnis werden im Umsatzkostenverfahren die Vertriebs- und Verwaltungskosten **gesondert ausgewiesen**. Diesen Positionen werden die Personal- und sonstigen Kosten (= Sachkosten) zugeordnet, die für diese Funktionen angefallen sind. In **Produktionsunternehmen** entsprechen die Herstellungskosten dem größten Teil der Aufwendungen, während die Vertriebs- und Verwaltungskosten von eher untergeordneter Bedeutung sind. Gleiches gilt für die sonstigen betrieblichen Aufwendungen, die im Umsatzkostenverfahren nur einen »Restposten« darstellen, da alle Kosten – soweit möglich – den jeweiligen Funktionskosten zugeordnet sind.
In forschungsintensiven Unternehmen werden häufig die Forschungs- und Entwicklungskosten gesondert dargestellt.

c. Ertragskennzahlen

Zur Beurteilung der Ertragslage werden in der Praxis Kennzahlen gebildet. Eine wesentliche Kennzahl ist das EBIT, welches das operative Ergebnis eines Unternehmens abbildet. EBIT steht dabei für **E**arnings **b**efore **I**nterest and **T**axes, also Ergebnis vor Zinsen und (Ertrag-)Steuern. EBIT

Zur besseren Vergleichbarkeit zwischen verschiedenen Unternehmen wird das EBIT meist als Prozentsatz der Umsatzerlöse dargestellt. Diese Kennzahl wird als **Umsatzrendite** (englisch: RoS = **R**eturn on **S**ales) bezeichnet.

$$\text{Umsatzrendite (\%)} = \frac{\text{EBIT}}{\text{Umsatzerlöse}} \times 100$$

Beispiel:
Eine Umsatzrendite von 10 % bedeutet, dass von jedem Euro Umsatz nach Abzug der Kosten für Produktion, Forschung und Entwicklung sowie Vertrieb und Verwaltung 10 Cent übrigbleiben. Je höher die erzielte Umsatzrendite, umso höher das vom Unternehmen je Euro Umsatz erzielte Ergebnis. Da es sich jedoch um eine Prozentzahl handelt, wird keine Aussage über die absolute Höhe des erzielten Gewinns getroffen.

4. Cashflow- oder Kapitalflussrechnung

Die Cashflow- oder Kapitalflussrechnung stellt dar, wie sich der Finanzmittelbestand (=Finanzmittelfonds), d. h. Kassen- und Bankbestände im Laufe des Geschäftsjahres entwickelt haben.

Tipp:
Die Cashflow- oder Kapitalflussrechnung ist kein Pflichtbestandteil des handelsrechtlichen Einzelabschlusses, jedoch des Konzernabschlusses. Aufgrund der wertvollen Information zur finanziellen Situation des Unternehmens sollte der WA diese von der Geschäftsführung anfordern. Oftmals wird sie schon vom Wirtschaftsprüfer im Prüfungsbericht dargestellt.

Drei Bereiche

Die Kapitalflussrechnung wird in drei Bereiche untergliedert:

- **Cashflow aus der laufenden Geschäftstätigkeit:**
  Erfasst die Liquiditätszu- und abflüsse aus der operativen Geschäftstätigkeit. Hier werden Zahlungseingänge der Kunden sowie Auszahlungen für die Begleichung von Lieferantenrechnungen und für Löhne und Gehälter abgebildet.
- **Cashflow aus der Investitionstätigkeit:**
  Erfasst Zahlungen für den Kauf oder Verkauf von Anlagevermögen, z. B. für Immobilien, Maschinen oder Tochterunternehmen.
- **Cashflow aus der Finanzierungstätigkeit:**

Erfasst alle Ein- und Auszahlungen, die aus Finanzierungsvorgängen resultieren. Hierunter fallen beispielsweise die Aufnahme von Krediten als Zahlungszufluss und die Tilgung von Krediten als Zahlungsabfluss. Zudem werden in dieser Position die Ausschüttungen (Dividende) an Gesellschafter erfasst

Die Summe aller drei Positionen zeigt die Veränderung des Bestands an liquiden Mitteln im Laufe eines Geschäftsjahres an.

Hinweis:
Der Cashflow aus dem laufenden Geschäft zeigt den Mittelzu- bzw. -abfluss aus dem operativen Geschäft und beantwortet damit die elementare Frage, ob das Unternehmen mit seiner operativen Geschäftstätigkeit »Geld verdient« oder »Geld verbrennt«. Ein negativer operativer Cashflow ist in der Regel ein Indikator für die wirtschaftliche Schieflage eines Unternehmens. Wichtig ist darüber hinaus, ob ein Unternehmen seine Investitionen aus »eigener Kraft« finanzieren kann. Dies wird deutlich, wenn man dem Cashflow aus laufender Geschäftstätigkeit den Cashflow aus Investitionstätigkeit gegenüberstellt. Diese Kennzahl wird als »Free Cashflow« oder »Netto-Cashflow« bezeichnet.

Beispiel:
Die folgende Abbildung verdeutlicht die Aussagekraft der drei Bereiche einer Kapitalflussrechnung. Sie zeigt ein Unternehmen, das zum Jahresende jeweils einen positiven Finanzmittelbestand in nahezu gleicher Höhe ausweist. Während das Vorjahr jedoch ein erfolgreiches Geschäftsjahr war, verschlechterte sich die Situation im aktuellen Geschäftsjahr deutlich.
Das Unternehmen gab im aktuellen Geschäftsjahr im Rahmen seiner operativen (= laufenden) Geschäftstätigkeit mehr Geld aus, als es einnahm: es wurde ein negativer Cashflow aus laufender Geschäftstätigkeit i. H. v. –9 Mio. EUR erzielt. Entsprechend konnten die Investitionen i. H. v. –2 Mio. EUR nicht mehr aus eigener Kraft finanziert werden. Zur Deckung des Finanzbedarfes mussten insgesamt 10 Mio. EUR an Krediten aufgenommen werden.
Im Vorjahr konnte das Unternehmen hingegen seine Investitionen i. H. v. 3 Mio. EUR aus dem laufenden Geschäft bezahlen, da insgesamt im operativen Geschäft ein Liquiditätszufluss von 4 Mio. EUR erzielt wurde. Kredite wurden nur in geringerem Umfang von 2 Mio. EUR aufgenommen.

Abbildung 17: Beispiel Kapitalflussrechnung

	Cashflow-Positionen	Vorjahr	aktuelles Geschäfts-jahr
+/-	Cashflow aus der laufenden Geschäftstätigkeit	4	-9
+/-	Cashflow aus der Investitionstätigkeit	-3	-2
+/-	Cashflow aus der Finanzierungstätigkeit	2	10
	Finanzmittelbestand am Beginn der Periode	3	6
+/-	Summe aller Cashflows	3	-1
	Finanzmittelbestand am Ende der Periode	6	5

EWR CONSULTING

5. Anhang

Ergänzende Informationen

Der Anhang ist Bestandteil des Jahresabschlusses. Seine Aufgabe ist, ergänzende Informationen zu den Rechenwerken Bilanz und Gewinn- und Verlustrechnung zu liefern. Hierfür existieren gesetzliche Mindestanforderungen.

Im Anhang sind die angewandten **Bilanzierungs- und Bewertungsmethoden** anzugeben. Sind diese gegenüber dem Vorjahr verändert, sollten die Auswirkungen, insbesondere auf das Ergebnis, erläutert werden.

Darüber hinaus werden im Anhang Zusatzinformationen aufgeführt. So sind die **Fälligkeiten** der Forderungen und Verbindlichkeiten anzugeben, was insbesondere bei Unternehmen in der Krise eine wesentliche Information sein kann. Zudem muss die **Anzahl** der durchschnittlich Beschäftigten[14] angegeben werden. Weitere Pflichtangaben sind die **Bezüge**

14 Nicht enthalten sind Leiharbeitskräfte, Azubis, Praktikanten, Geschäftsführung/Vorstand.

der Geschäftsführung; hiervon ist das Unternehmen jedoch unter bestimmten Umständen befreit.

6. Lagebericht

Der Lagebericht stellt die **Kommentierung** des Jahresabschlusses durch die Geschäftsführung dar. Hier ist seitens des Unternehmens der Geschäftsverlauf darzustellen und zu analysieren, eine Zukunftsprognose abzugeben sowie über wesentliche Chancen und Risiken des Unternehmens zu berichten. Der Lagebericht muss im Einklang mit dem Jahresabschluss stehen, was auch durch den Wirtschaftsprüfer zu prüfen und zu bestätigen ist.

7. Monats- und Quartalsabschlüsse

Individuelles Format

Zur Information über die wirtschaftliche Entwicklung des Unternehmens werden **unterjährig** Monats- oder zumindest Quartalsabschlüsse erstellt. Da das Format der unterjährigen Berichterstattung im Gegensatz zum Jahresabschluss **nicht gesetzlich vorgeschrieben** ist, finden sich unterschiedliche unternehmensindividuelle Formate. Sie reichen von der BWA (= betriebswirtschaftliche Auswertung) im GuV-ähnlichen Format bis hin zur vollständigen Gewinn- und Verlustrechnung, Bilanz sowie Cashflow-Rechnung.

Zur besseren Aussagekraft werden im Monats- oder Quartalsabschluss meist die Daten der vergleichbaren Vorjahresperiode dargestellt. Darüber hinaus sollte ein Vergleich mit der Planung stattfinden (Plan-Ist-Vergleich). Werden die aktuellen Monatsdaten zum Geschäftsjahresende hochgerechnet, so bezeichnet man dies als **Forecast** (engl.: Vorschau).

Im Rahmen des Monats- oder Quartalsabschlusses werden in der Regel weitere Informationen dargestellt. Sie umfassen meist Daten zur Entwicklung der

- Auftragslage, d.h. Auftragseingang und -bestand;
- Liquidität;
- Beschäftigung.

Tipp:
Der WA beschäftigt sich einmal jährlich im Rahmen der Jahresabschlusssitzung gemäß § 108 Abs. 5 BetrVG ausführlich mit dem Jahresabschluss, in Konzernen zusätzlich mit dem Konzernabschluss. Im Fokus der Bewertung liegt hier die Entwicklung des Unternehmens und ggf. des Konzerns. Im Einzelnen sind die Entwicklung der Vermögens-, Finanz- und Ertragslage, deutliche Abweichungen gegenüber dem Vorjahr und sämtliche Ursachen dieser Entwicklungen zu erörtern.
In den übrigen regelmäßigen Wirtschaftsausschusssitzungen sind die aktuellen Entwicklungen der wirtschaftlichen Lage zu erläutern. Darüber hinaus sollten die Erwartungen (Forecast) für die restlichen Monate des Geschäftsjahres besprochen werden.

VI. Planung

1. Absatz- und Umsatzplanung

Zentrale Bedeutung

Bei der Absatz- und Umsatzplanung werden, wie im vorherigen Kapitel Monats- und Quartalsabschlüsse beschrieben, die IST-Daten mit den geplanten Daten verglichen (Plan-IST-Vergleich). Die Plan-Zahlen sind Ergebnis der operativen Planung. Bei deutlichen Abweichungen »nach unten« leiten Unternehmen in der Regel Maßnahmen ein, um ihre gesetzten Ziele zu erreichen. Die **Auswirkungen auf Arbeitsplätze** können erheblich sein.
Die kurzfristige, operative Planung bezieht sich zumindest auf ein Jahr, manchmal auch auf zwei oder drei Jahre. In der Regel startet sie mit der Absatz- und Umsatzplanung. Aus der Absatz- und Umsatzplanung ergeben sich weitere Planungen wie die Investitions-, Personal- und Liquiditätsplanung.

Tipp:
Einmal jährlich sollte sich der WA die operative Planung und ihre wesentlichen Prämissen vom Unternehmen erläutern lassen. Zu den Prämissen kann auch die strategische Planung zählen.
Im laufenden Geschäftsjahr sind die Ursachen wesentlicher Plan-Ist-Abweichungen und ggf. daraus resultierende Maßnahmen zu besprechen. Darüber hinaus sollte im Rahmen des Forecasts die erwartete Entwicklung des Geschäftsjahres dargestellt werden.

Näheres zur strategischen Planung auf den Seiten 73 und 74

Die **Absatzplanung** bildet das Mengengerüst ab. Sie legt fest, welche Produkte oder Dienstleistungen in welcher Menge verkauft werden sollen. Parallel dazu werden (Ziel-)Preise für die einzelnen Kunden und Märkte bestimmt. Entweder liegen bereits Preisvereinbarungen vor, z. B. aus langfristigen Verträgen, oder es werden Verkaufspreise festgelegt, z. B. über Preislisten. Die Preisgestaltung hat wesentliche Auswirkungen auf die Ertragsstärke eines Unternehmens.

Die **Umsatzplanung** ist das Ergebnis aus der Absatzplanung (der Menge) multipliziert mit den Preisen für Produkte und Dienstleistungen.
Umsatz = Absatz × Preis

Näheres zur Personalplanung auf den Seiten 70 und 71

Hinweis:
Aus der Absatz- und Umsatzplanung ergeben sich für den WA zwei wichtige Erkenntnisse:

1. Die durch die Absatzmenge geplante Auslastung der produzierenden bzw. leistenden Unternehmenseinheiten ist ein klarer Hinweis auf mögliche Auswirkung auf die Beschäftigung.
2. Der geplante Umsatz im Vergleich zum Vorjahr gibt erste Hinweise auf das zu erwartende Ergebnis.

Beispiel:
Die folgende Abbildung zeigt eine Absatz- und Umsatzplanung für eine Region im Vergleich mit den tatsächlich erreichten Zahlen. Während von Produkt A mehr verkauft (abgesetzt) und auch ein höherer Umsatz erzielt wurde, blieb Produkt B deutlich hinter den Erwartungen zurück.

Abbildung 18: Absatz- und Umsatzplanung

Region	Aktuelles Geschäftsjahr			
Quartal 01	**Ist**	**Plan**	Abweichung **Ist** ggü. **Plan** absolut	in %
Produkt A				
Absatz	**2.100**	2.000	100	5,0%
Umsatz	**500**	450	50	11,1%
Deckungsbeitrag	**10**	9,5	0,5	5,3%
Rendite	**2,0%**	2,1%		
Produkt B				
Absatz	**150**	500	-350	-70,0%
Umsatz	**300**	1.000	-700	-70,0%

EWR CONSULTING

In vielen Unternehmen wird neben dem Absatz auch der Auftragseingang geplant. Als Auftragseingang werden die neu eingegangenen Kundenbestellungen innerhalb einer bestimmten Periode bezeichnet, während der Auftragsbestand alle noch nicht abgearbeiteten Kundenbestellungen zu einem bestimmten Stichtag darstellt.

Tipp:
Da die Planungen von Absatz, Umsatz, Auftragseingang und -bestand in unterschiedlicher Detaillierung vorgenommen werden, sollte der WA sich mit den vorliegenden Planungen unter Einsichtnahme und Auswertung der entsprechenden Unterlagen und Daten auseinandersetzen. Besonderes Augenmerk sollte auf die geplanten Umsatz-Potentiale (also zusätzlich zu bestehenden Aufträgen geplante Umsätze) gerichtet werden. Beim Auftragsbestand wäre auch die Reichweite, sprich die kapazitive Auslastung, z. B. in Monaten eine ergänzende Information. In der Wirtschaftsausschusssitzung können anschließend mögliche Konsequenzen aus Planabweichungen beraten werden.

2. Investitionsplanung

Die kurz- und mittelfristige Investitionsplanung leitet sich aus der Produktionsplanung ab, die sich wiederum aus der Absatzplanung ergibt. Eine Aufgabe der Investitionsplanung ist es, die geplanten Investitionen pro Geschäftsjahr mit ihrem Finanzierungsvolumen darzustellen. Mit diesen Informationen können Wirtschaftsausschüsse die **tatsächlichen** mit den **geplanten** Investitionen vergleichen.

Tipp:
Investitionen stellen die Weichen für die zukünftige Entwicklung von Betrieben und Unternehmensbereichen. Deshalb ist eine Erläuterung und Diskussion der Investitionsplanung im WA zentral.

Desinvestition

Leider findet sich in der Praxis auch häufig das Gegenteil einer Investition: die Desinvestition. Bei einer Desinvestition werden Unternehmensteile oder (Teil)betriebe geschlossen oder verkauft, z. B. weil Renditeerwartungen nicht erfüllt werden oder sich die Strategie des Unternehmens gewandelt hat. Häufig findet sich in diesem Zusammenhang auch die Verlagerung von Arbeitsplätzen in so genannte »**Best Cost Countries**«, also Länder, in denen ein Lohngefälle zum hiesigen Standort besteht.

3. Personalplanung

Die Personalplanung ist eine im Wesentlichen aus der Umsatz-, Absatz- und Produktionsplanung abgeleitete Planung und zeigt deren direkte Auswirkungen auf die Beschäftigung. Grob kann die Personalplanung in drei Bereiche aufgeteilt werden:

- Personalbedarfsplanung,
- Personalentwicklungsplanung,
- Personaleinsatzplanung.

> **Tipp:**
> Besonderes Augenmerk sollte der WA dabei auf die Personalplanung legen, um möglichst rechtzeitig Beschäftigungsrisiken zu erkennen. Beschäftigungsrisiken können einerseits in Unterbeschäftigung (drohender Personalabbau) oder auch in Überbeschäftigung (drohende Überlastung) liegen. Andererseits zeigen auch deutliche Qualifizierungsbedarfe Risiken auf.
> Im WA sind **immer** die Auswirkungen auf die Beschäftigung mit der Geschäftsführung zu beraten.

a. Personalbedarfsplanung

Benötigtes Arbeitsvolumen

Die Personalbedarfsplanung hat zum Gegenstand, die **Anzahl** der für die Leistungserbringung benötigten Beschäftigten im Unternehmen festzustellen.
Insbesondere in der Produktion und in den direkten Bereichen wird ein Bezug zwischen der geplanten Mengenentwicklung (Absatzplanung) und dem dafür notwendigen Personalbedarf hergestellt. Hierfür wird auf Basis der Menge und der Produktionsplanung, insbesondere den Arbeitsplänen, ein benötigtes Arbeitsvolumen abgeleitet.
Der Personalbedarf in den einzelnen Bereichen ergibt sich aus einer Division der insgesamt geplanten Arbeitszeiten mit den durchschnittlichen produktiven Stunden eines Beschäftigten im Jahr.

> **Beispiel:**
> Werden Maschinen montiert, verkauft und gewartet, so sollten, basierend auf einer gewissenhaften Kalkulation, in den jeweiligen Arbeitsplänen die Montage- bzw. Reparaturzeiten hinterlegt sein. Auf Basis der Absatzplanung des Unternehmens sind die Montagezeiten mit den jeweiligen Stückzahlerwartungen zu multiplizieren, um als Ergebnis die Summe der geplanten Arbeitsstunden zu erhalten. Unter Berücksichtigung einer 35-Stunden-

> Woche, Wochenenden, tariflichen Urlaubs- und Feiertagen ergibt sich eine durchschnittliche Anwesenheit der Beschäftigten.

Im indirekten Bereich, z. B. in der Verwaltung, ist die Personalbedarfsplanung auf Basis der geplanten Absatzmenge nur eingeschränkt möglich. Hier werden vielfach **andere Mengengerüste** zugrunde gelegt, z. B. die Anzahl der zu bearbeitenden Vorgänge (Anzahl Wareneingänge) oder die Anzahl der (direkten) Beschäftigten. Darüber hinaus können Funktionen unabhängig von Mengen besetzt werden. Beispiele hierfür wären die Bereiche Recht oder Marketing.

> **Beispiele:**
> Eine Abteilungsleitung betreut maximal 30 Beschäftigte in einem Bereich. In der Personalabteilung werden pro Sachbearbeiter 200 Beschäftigte abgerechnet und in der Finanzbuchhaltung täglich 120 Geschäftsvorfälle gebucht.

b. Personalentwicklungs- und Personaleinsatzplanung

Qualifizierungsplanung

Die Personalentwicklungsplanung ist ein wesentlicher Bereich der Personalplanung. Insbesondere die Personaleinsatz- und Qualifizierungsplanung sind hier von Interesse, dies vor allem vor dem Hintergrund der **Digitalisierung** (Stichwort: Industrie 4.0) und dem zu erwartenden Technologiewandel (Stichwort: Elektromobilität). Bei der Qualifizierungsplanung stellt sich die Frage, für welche Beschäftigtengruppen **Mittel zur Aus- und Weiterbildung** geplant werden müssen. Hier ist eine regelmäßige Analyse und Bewertung der Qualifizierungskosten hinsichtlich der Beschäftigtengruppen, die qualifiziert werden, erforderlich. Wenn das Unternehmen Qualifizierungsmaßnahmen durchführt, kann der Betriebsrat gezielt Einfluss auf Teilnehmer und Qualifizierungsinhalte nehmen.

Die **Personaleinsatzplanung** ist eng mit der Personalentwicklungsplanung verbunden. Gegenstand ist zunächst die Ermittlung von notwendigen Stellenanforderungen. In einem zweiten Schritt sind die Qualifizierungsprofile der Beschäftigten, die die Stelle besetzen können, zu eruieren. Anschließend stellt sich die Frage, welche Beschäftigten eine offene Stelle besetzen können.

4. Liquiditätsplanung

Näheres zur Liquidität auf den Seiten 62–64

Die Liquidität, also die Zahlungsfähigkeit eines Unternehmens ist für seine Handlungsfähigkeit von entscheidender Bedeutung.
Basierend auf Umsatz- und Investitionsplanung wird die Liquiditätsplanung erstellt. Dabei werden alle in einem Zeitraum erwarteten Zahlungseingänge, z. B. von Kunden, und alle geplanten Zahlungsausgänge, z. B. für Material, Lohn und Gehalt sowie Investitionen, erfasst. Die Summe aller geplanten Zahlungsein- und -ausgänge ergibt entweder einen **Liquiditätsüberschuss** (die Einzahlungen sind höher als die Auszahlungen) oder eine **Liquiditätsunterdeckung** (die Einzahlungen sind niedriger als die Auszahlungen). Bei einer Liquiditätsunterdeckung sind nicht mehr oder nur noch kurzfristig ausreichend flüssige Mittel vorhanden. Neue Mittel müssen »besorgt« werden, z. B. über Kredite.

Fremdfinanzierung

In den meisten Unternehmen spielt die Fremdfinanzierung durch Banken eine wesentliche Rolle: meist werden für das operative Geschäft Kontokorrentkonten (= kurzfristiger Überziehungskredit) genutzt oder längerfristige Bankdarlehen dienen zur Finanzierung von Investitionen. Bei der Bewertung der Zahlungsfähigkeit eines Unternehmens werden neben den Kontoständen deshalb auch die eingeräumten Kreditlinien betrachtet. Die Summe zeigt den Liquiditätsspielraum des Unternehmens.

Beispiel:
Die folgende Abbildung zeigt die Liquiditätsplanung eines Unternehmens für einen Monat. Die Zahlungseingänge (1000 TEUR) liegen über den Auszahlungen für Material (500 TEUR), Personal (300 TEUR) und Sonstiges (50 TEUR), in Summe 850 TEUR, so dass der »Zwischensaldo operative Ein- und Auszahlungen« mit 150 TEUR positiv ist. Darüber hinaus sollen im aktuellen Monat 100 TEUR investiert werden sowie für Finanzierung 105 TEUR abfließen. Insgesamt wird also erwartet, dass sich der Kontostand von 100 TEUR zu Monatsbeginn auf 45 TEUR zum Monatsende verringert.

Abbildung 19: Liquiditätsplanung

Liquiditätsposition	Plan
Zahlungseingänge	
Kunden	1.000
Zahlungsausgänge	
Material	-500
Personal	-300
Sonstige betriebliche Aufwendungen	-50
Zwischensaldo operative Ein- und Auszahlungen	**150**
Investitionen	
Auszahlungen aus Käufen	-100
Einzahlungen aus Verkäufen	0
Summe Ein- und Auszahlungen aus Investititonen	**-100**
Finanzierung	
Zinseinzahlungen	5
Zinsauszahlungen	-10
Tilgung	-100
Summe Ein- und Auszahlungen aus Finanzierung	**-105**
Saldo Ein- und Auszahlungen	**-55**
Konto zum Monatsanfang	100
Konto zum Monatsende	**45**

EWR CONSULTING

5. Strategische Planung

Im Gegensatz zur kurzfristigen operativen Planung wird in der strategischen Planung ein längerer Zeitraum »in den Blick genommen«. Existiert im Unternehmen eine (konkrete) strategische Planung, dann setzt die operative Planung die mittel- und langfristigen Ziele der strategischen Planung konkret um.

Dauerhafte Existenzsicherung

Die strategische Planung basiert auf der Antwort auf folgende Frage: »Wo soll das Unternehmen, der Konzern in 5, 10 oder gar 20 Jahren stehen?« Ziel der strategischen Unternehmensplanung ist die nachhaltige, dauerhafte Existenzsicherung des Unternehmens. »**Nachhaltig**« beinhaltet, dass heutige Entscheidungen die zukünftige Überlebensfähigkeit des Unternehmens sowohl in wirtschaftlicher als auch in sozialer und ökologischer Sicht beeinflussen und insofern zur dauerhaften Sicherung des Unternehmens und der Beschäftigung beitragen.

Näheres zur Früherkennung auf den Seiten 93–99

Tipp:
Die Auseinandersetzung mit der strategischen Unternehmensplanung ist für die mittel- und langfristige Sicherung von Arbeitsplätzen, Einkommen und Arbeitsbedingungen von zentraler Bedeutung für Betriebsrat und WA. Insofern sollte sie regelmäßig Thema im WA sein, z.B. bei den jährlichen Standardinformationen.
Ziel ist es, im Rahmen der Früherkennung, mögliche Risiken rechtzeitig zu erkennen.

Prozess

Eine **strategische Planung** ist häufig ein jährlich wiederkehrender Prozess, der folgende Schritte beinhaltet:

- Die Unternehmensleitung gibt den Rahmen für das Unternehmen vor. Darin sind Visionen, Werte und Ziele beschrieben.
- Die einzelnen Bereiche entwickeln auf dieser Basis ihre Strategien und Umsetzungsschritte.
- Sind die Strategien und ihre Umsetzungsschritte entschieden, werden darauf basierend die operativen Planungen erstellt.

Megatrends

In **strategischen Zielen** spiegeln sich in der Regel die aktuell gesellschaftlich diskutierten Megatrends wider. Megatrends beschreiben langfristige, weltweite und tiefgreifende Entwicklungen. Diese Entwicklungen werden von den Menschen wahrgenommen und beschreiben einen grundlegenden Wandel der Gesellschaft. Die konkreten Auswirkungen sind im Alltag schon spür- und erlebbar. Die erwarteten langfristigen Veränderungen schreiten weiter voran und werden wesentlich Gesellschaft, Technologien und Wirtschaft prägen. Nachfolgend sind wesentliche – der aktuell diskutierten – Megatrends aufgeführt.

Abbildung 20: Megatrends

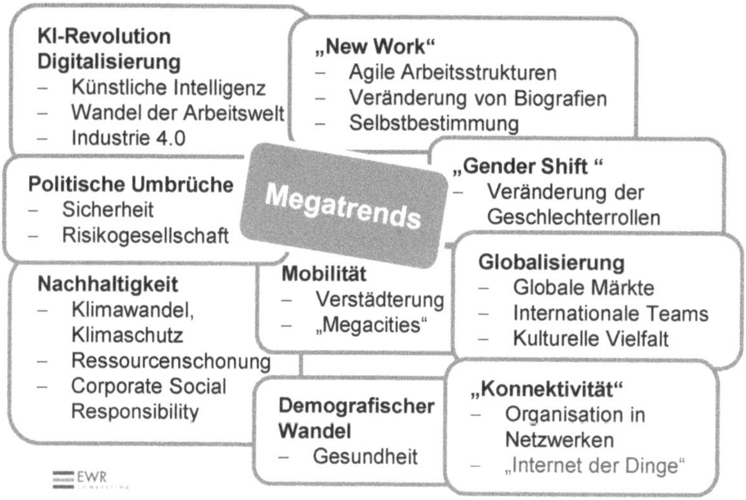

Neben den Megatrends ist für die Zielfestlegung ebenfalls entscheidend, welche Strategie seitens der **Eigentümer** verfolgt wird. Für eine langfristige Beschäftigungs- und Standortsicherung ist zum Beispiel ein großer Unterschied, ob ein Unternehmen als Tochtergesellschaft latent zum Verkauf steht oder ob die Eigentümer langfristige Strategien verfolgen und mit dem Unternehmen stark verbunden sind.

Näheres zur Eigentümerstruktur auf den Seiten 32–34

Tipp:
Für WA und Betriebsrat ist es von maßgeblicher Bedeutung, die mittel- und langfristigen Interessen der Eigentümer zu kennen. Die Unternehmensstrategie ist häufig eine »politische Entscheidung«.
Diese Kenntnis ermöglicht, die Entscheidungen und geplanten Maßnahmen im Zusammenhang mit den strategischen Zielen zu bewerten und eigene Strategien zu entwickeln.

Analyse

Um die geeignete Strategie für die Erreichung der Ziele festzulegen, ist neben der Festlegung des Ziels eine Analyse des Unternehmens notwendig. Dabei wird zum einen das Unternehmen selbst bewertet (interne Analyse). Zum anderen wird das Umfeld des Unternehmens analysiert (externe Analyse). Die Ergebnisse aus beiden Analysen werden zusammengeführt und gemeinsam bewertet.

Die Durchführung der Analysen im Unternehmen wird oftmals von externen Beratungsunternehmen unterstützt.

Tipp:
Wenn externe Beratungsunternehmen Analysen durchführen, sollte sich der WA folgende Informationen geben lassen:

- Auftrag,
- Zwischenergebnisse und
- Endergebnis = Abschlussbericht sowie
- ggf. daraus abgeleitete Maßnahmen der Unternehmensleitung.

VII. Kostenrechnung

1. Aufgaben

Im Unternehmen beschäftigten sich zwei Bereiche mit dem Rechnungswesen, die Finanzbuchhaltung (externes Rechnungswesen) und das Controlling (internes Rechnungswesen, Kostenrechnung). Die Finanzbuchhaltung berichtet nach »außen« in Form des Jahresabschlusses. Das Controlling ist für die Berichterstattung nach **»innen«** zuständig.

Näheres zum Jahresabschluss in Kapitel V. ab Seite 38

Für das interne Rechnungswesen liegen im Unterschied zum externen Rechnungswesen keine gesetzlichen Vorschriften vor. In (unterschiedlichen) Lehrmeinungen ist ausführlich beschrieben, wie das interne Rechnungswesen ausgestaltet sein kann. Dies hat zur Folge, dass die internen Ergebnisrechnungen in jedem Unternehmen **unterschiedlich** sein können.

Aufgaben des Controllings sind unter anderem:

- Detaillierte Aufbereitung von Kosten und Erlösen,
- Erstellung von Kalkulationen und
- Aufbereiten der Informationen in Berichten.

Kosten und Erlöse werden im Controlling nicht nur für das gesamte Unternehmen, sondern auch für **Unternehmensteile** wie Abteilungen oder Bereiche bzw. für Produkte erfasst und berichtet. Die Kostenrechnung basiert auf den Daten der Finanzbuchhaltung, die um weitere Informationen ergänzt werden.

Kostenrechnung auch für Unternehmensteile

Das Controlling bereitet Informationen für die Geschäftsführung auf, so dass Entscheidungen auf dieser Basis gefällt werden können. Regelmäßige Berichte des Controllings sind Monats- oder Quartalsberichte. Auf Anforderung der Geschäftsführung werden auch besondere Rechnungen, beispielsweise Verlagerungsrechnungen, erstellt.

Näheres zu Verlagerungsrechnungen auf den Seiten 83–86

Hinweis:
Um die Vergleichbarkeit der Daten über mehrere Perioden, z.B. aktueller Monat mit Vorjahresmonat, zu gewährleisten, werden Controllingsysteme

im Unternehmen nicht ständig geändert. Deshalb ist ein Grundverständnis dieses Systems für den WA in der Regel nur einmal herzustellen. Zudem ist mit der Geschäftsführung zu vereinbaren, dass zukünftige Änderungen seitens des Controllings mitgeteilt werden.

2. Grundbegriffe

Nachfolgend sind die wesentlichen Grundbegriffe Kosten- und Erlösart, Kostenstelle und Kostenträger erläutert.

Abbildung 21: Grundbegriffe der Kostenrechnung

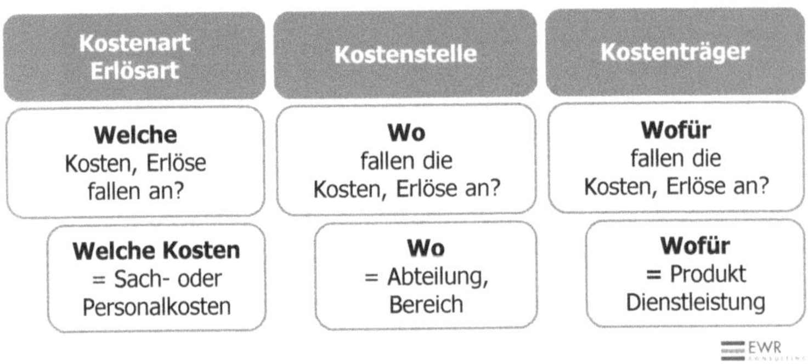

Näheres zur GuV auf den Seiten 54–62

- **Kosten- und Erlösarten:** Die im Unternehmen definierten Erlös- und Kostenarten beantworten die Frage »**Welche Kosten und Erlöse fallen an?**«. Sie beinhalten im Wesentlichen die Aufwands- und Ertragsarten, die in der Finanzbuchhaltung gebucht werden und damit in die Gewinn- und Verlustrechnung einfließen. Zu den Aufwandsarten zählen neben den Personalkosten die Sachkosten, die u.a. Materialkosten, Miete enthalten. Die Ertragsarten beinhalten im Wesentlichen den Umsatz.

Tipp:
Die Zuordnung der jeweiligen Kostenart kann von den Vorgaben bei der Gewinn- und Verlustrechnung abweichen. Gerne werden im Controlling Kosten für Leiharbeit oder auch für Fortbildung unter den Personalkosten ausgewiesen. Folglich sind die Personalkosten in den Controllingberichten höher als in der GuV. Die genaue Zuordnung der Kosten durch das Controlling ist zu erfragen.

- Zudem können **kalkulatorische Kosten** definiert sein. Dazu zählen kalkulatorische Abschreibungen oder Zinsen, die von den in der Gewinn- und Verlustrechnung ausgewiesenen Aufwendungen abweichen. Die Ursachen für diese Abweichungen liegen in der Regel in der Funktion der Kostenrechnung als Grundlage für Kalkulationen. Um beispielsweise konzernweit gleiche Annahmen bezüglich der Zinsen zu treffen, werden kalkulatorische Zinsen angesetzt.
- **Kostenstelle**: Organisatorische Einheiten wie Abteilungen und Bereiche werden als Kostenstellen geführt. Die Frage »**Wo, d. h. bei welcher organisatorischen Einheit, fallen Kosten an?**« wird beantwortet. Die Kostenstellen auf der untersten Ebene z. B. Lackiererei, Personalbuchhaltung oder Betriebsrat werden zu größeren organisatorischen Einheiten verdichtet, z. B. Produktion oder Verwaltung. Zwischen den Kostenstellen können auch Verrechnungen für Tätigkeiten anderer Kostenstellen erfolgen.
- **Kostenträger**: Klassisch entsprechen Kostenträger den Produkten bzw. Dienstleistungen des Unternehmens. Die Kostenträger beantworten die Frage: »**Wofür, d. h. für welches Produkt, fallen die Kosten an?**«.

Zuordnung der Kosten und Erlöse

Eine Hauptaufgabe von Controlling ist die Zuordnung der Kosten und Erlöse auf die Kostenstellen (Kostenstellenrechnung) und Kostenträger (Kostenträgerrechnung).

Diese Zuordnung sollte möglichst **verursachungsgerecht** erfolgen. Das bedeutet

- Kosten, die eindeutig einer Kostenstelle oder einem Kostenträger zugeordnet werden können, werden diesen auch direkt zugeordnet (**Direkte Kosten**). Dazu zählen z. B. das Entgelt eines Beschäftigten, der nur für diese Kostenstelle tätig ist, oder Leiharbeitskräfte, die nur für ein Produkt tätig sind.
- **Indirekte Kosten**, die nicht eindeutig zuordenbar sind (auch **Gemeinkosten** genannt), werden den Kostenstellen oder Kostenträgern mithilfe von Umlageschlüsseln zugeordnet. Zu diesen Kosten können Energiekosten, Miete oder die Kosten der Personalabteilung zählen. Umlageschlüssel sollen möglichst **einfach** aber dennoch **realitätsnah** sein. Die vom Controlling definierten Umlageschlüssel sind nicht immer unumstritten. Beispiele für Umlageschlüssel sind: Quadratmeter für Miete und Energiekosten, Anzahl Beschäftigte für die Kosten der Personalabteilung. In einem energieintensiven Produktionsbetrieb ist ein Quadratmeter-Schlüssel für die Zuordnung der Energie zu Kostenstellen relativ ungeeignet. Geeigneter wäre insbesondere im Produktionsbereich die konkrete Ermittlung des Energieverbrauchs und da-

mit der Energiekosten, um sie dann als direkte Kosten den jeweiligen Kostenstellen zuzuordnen.

Hinweis:
Grundsätzliche Kenntnisse der Kostenrechnung lassen sich in Seminaren durchaus erlernen. Die konkrete Ausgestaltung der Kostenrechnung im Unternehmen ist jedoch von unternehmensinternen Experten zu erläutern. Bei der Beurteilung der Wirtschaftlichkeit von Bereichen oder Produkten ist relevant, die Verfahren der Zuordnung von Kosten und Erlösen, insbesondere die Verteilung mithilfe von Schlüsseln, zu kennen. Dadurch kann der WA die Ergebnisse aus dem Controlling sicherer beurteilen.

3. Berichte

Reports Ergebnisse des Controllings sind regelmäßige Berichte für organisatorische Bereiche oder Produktgruppen, oftmals auch »Reports« genannt.

Tipp:
Standardberichten des Controllings sind seitens des WA große Aufmerksamkeit zu widmen, da diese die Basis für die Steuerung des Unternehmens sind.
Im ersten Schritt ist zu verstehen, wie das Controllingsystem im Unternehmen aufgebaut ist. Das umfasst folgende Themen:

- die Struktur der Kostenstellen und Kostenträger,
- Umlageverfahren und Umlageschlüssel,
- im Unternehmen regelmäßig erstellte Standardberichte.

Auf dieser Basis kann mit der Geschäftsführung vereinbart werden, welche Berichte dem WA regelmäßig unaufgefordert zur Verfügung gestellt werden. Rhythmus und Form der Information können ebenfalls geregelt werden.

Monatsbericht Ein Standardbericht ist der Monatsbericht. In diesem werden die monatlichen Erlöse und Kosten und damit das Ergebnis des Monats dargestellt, häufig in der **Form** einer **Gewinn- und Verlustrechnung**. Meist werden diese mit dem Plan, oftmals auch Budget genannt, insofern verglichen, dass die Abweichungen von IST zum Plan dargestellt werden.
Weiterhin werden in diesem Bericht in der Regel die kumulierten Monate dargestellt, d.h. die Summe der bisherigen Monate des Geschäftsjahres. Daraus folgend ist der **Quartalsbericht** die jeweilige Zusammenfassung

der abgelaufenen Quartale. Der Bericht des 1. Quartals zeigt somit die Summe der Monate Januar bis März.

> **Beispiel:**
> Die folgende Abbildung zeigt einen vereinfachten Monatsbericht mit den Zeilen Umsatz, Herstellkosten, Bruttoergebnis und EBIT. Das Bruttoergebnis zeigt das Ergebnis von Umsatz abzüglich Herstellkosten. Das Beispiel zeigt, dass sich in diesem Fall ein gesunkener Umsatz (–5) nicht im Ergebnis (EBIT) niederschlägt, weil sich die Herstellkosten im gleichen Maße wie der Umsatz verringern (–5).

Abbildung 22: Monatsbericht

Unternehmen	aktueller Monat			
T€	IST	Plan	Abweichung IST ggü. Plan absolut	in %
Umsatz	100	105	-5	-4,8%
Herstellkosten	80	85	-5	-5,9%
Bruttomarge	20	20	0	0,0%
EBIT	5	5	0	0,0%

Ergänzend können im Monatsbericht ebenfalls die Werte des Vorjahres sowie der Forecast mit den jeweiligen Abweichungen zum IST dargestellt werden.

Deckungsbeitragsrechnung

Der Monatsbericht kann ebenfalls in Form einer detaillierteren Deckungsbeitragsrechnung vorliegen. Ziel dieser Darstellung ist zu zeigen, »welche Kosten werden durch die Erlöse *gedeckt*«. Diese Darstellung kann sowohl für Produkte als auch für Bereiche verwendet werden.

In der Deckungsbeitragsrechnung wird zwischen **variablen und fixen Kosten** unterschieden. Als variable Kosten werden solche bezeichnet, die von der Produktionsmenge abhängig sind, wie Material- oder Personalkosten in der Produktion. Fixe Kosten sind hingegen solche, die unabhängig von der Menge anfallen, beispielsweise Miete.

Beispiel:
Wie die folgende Abbildung zeigt, werden in der Deckungsbeitragsrechnung stufenweise zunächst die variablen und anschließend die fixen Kosten von den Erlösen subtrahiert. Der jeweilig errechnete Deckungsbeitrag zeigt an, welches Ergebnis verbleibt, um die weiteren Kosten zu decken. In dem Beispiel weist das *Produkt* einen positiven *Deckungsbeitrag 5* aus, also einen Gewinn.

Abbildung 23: Deckungsbeitragsrechnung

Deckungsbeitragsrechnung	Produkt	in %
Umsatzerlöse	2.500	100%
Variable Materialkosten	-1.300	
Deckungsbeitrag 1	1.200	48%
Variable Fertigungskosten	-850	
Deckungsbeitrag 2	350	14%
Fixe Herstellkosten	-100	
Deckungsbeitrag 3	250	10%
Vertrieb	-50	
Verwaltung	-60	
Deckungsbeitrag 4	140	6%
kalkulatorische Zinsen	-20	
Deckungsbeitrag 5	120	5%

EWR CONSULTING

Hinweis:
Auch wenn die Deckungsbeiträge 4 oder 5 im obigen Beispiel negativ wären, also einen Verlust ausweisen würden, trägt das Produkt mit einem positivem Deckungsbeitrag *2* dazu bei, einen Teil der fixen Kosten (Fixe Herstellkosten, Vertrieb und Verwaltung) zu »decken«.
Also ist es nicht sinnvoll, eine Produktion bei negativem Deckungsbeitrag sofort zu schließen. Denn bei einer möglichen Beendigung der Produktion dieses Produktes müssten die dort ausgewiesenen fixen Kosten (zumindest teilweise) von den anderen Produkten getragen werden.

4. Selber machen oder zukaufen?

Eine weitere Aufgabe des Controllings ist die Erstellung von seitens der Geschäftsführung beauftragten Berechnungen und Berichten zu einzelnen Themen bzw. zu Sonderthemen. Dazu kann zum Beispiel die Entscheidung zwischen »selber machen oder zukaufen« (Make-or-Buy-Entscheidung) zählen. Hierbei werden die Kosten der Eigenproduktion mit den Kosten bei Zukauf vergleichen.

a. Outsourcing und Verlagerung

Bei den Betrachtungen zu Make-or-Buy-Entscheidungen wird im Folgenden nicht unterschieden zwischen:

- Outsourcing: Aufgabe der eigenen Produktion und Zukauf der Produkte von einem **fremden** (dritten) Unternehmen sowie
- Aufgabe der Produktion an einem Standort und Verlagerung der Produktion an einen anderen **Standort des Unternehmens** oder ein anderes Unternehmen im **Konzern.**

Die Auswirkungen für die Beschäftigung des »abgebenden« Standortes sind in beiden Fällen identisch.

Vergleichsrechnungen immer kritisch prüfen

Beispiel:
Die folgende Abbildung zeigt eine **»klassische« Ausgangssituation**: die eigenen Herstellkosten für ein Produkt liegen deutlich über den eingeholten Fremdangeboten bzw. über den (konzernintern ermittelten) Vergleichskosten. Unter Berücksichtigung von Remanenzkosten (verbleibenden Kosten) und Zusatzkosten schwindet der »Kostenvorteil« dahin: die Kosten bei eigener Herstellung liegen unter denjenigen des Fremdanbieters. Dabei sind notwendige Einmalkosten der Verlagerung noch nicht berücksichtigt. Wie dieses Beispiel zeigt, können unter Berücksichtigung sämtlicher Aspekte Verlagerungen unwirtschaftlich sein, obwohl auf den ersten Blick die eigene Herstellung wesentlich »teurer« als ein Zukauf ist.
Der rote Pfeil zeigt die Kostendifferenz bei einem einfachen Vergleich der eigenen Herstellkosten mit den Angebotskosten (extern) oder Vergleichskosten (intern). Der schwarze Pfeil zeigt die Kostendifferenz unter Berücksichtigung von Remanenzkosten (verbleibende Kosten) und Zusatzkosten.

Abbildung 24: Kostenvergleich bei Verlagerung

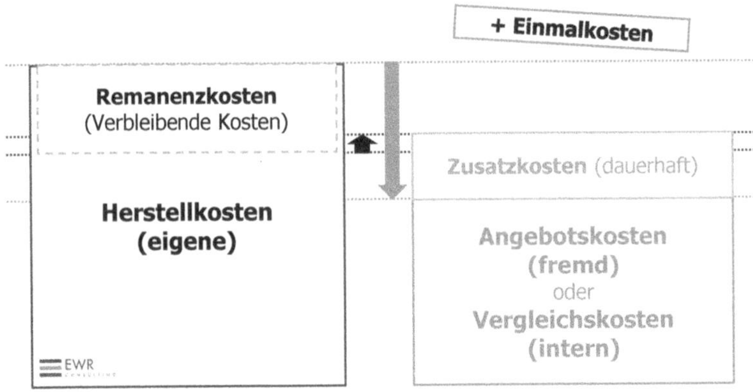

Beispiele für Kosten in den drei Bereichen sind:

- **Remanenzkosten:**
  - Leerstandskosten für nicht mehr benötigte Flächen, Räume;
  - Kosten für verbleibende Tätigkeiten, die bei »Zukauf« nicht übernommen werden, z. B. wird der Pförtnerdienst an eine Fremdfirma vergeben, die jedoch nicht wie die eigenen Pförtner die eingegangene Post im ganzen Haus verteilt;
  - Ein weiteres Beispiel ist die fehlende Gemeinkostendeckung für verbleibende Bereiche.
- **Zusatzkosten:**
  - Qualitätskontrolle inklusive Nacharbeit;
  - Koordination und Steuerung des Dienstleisters.
- **Einmalkosten**:
  - Sozialplan und Transfergesellschaft;
  - Sonderabschreibungen und Verschrottungen;
  - Rückbau und Sanierung;
  - Umzug und Transport;
  - Anlaufkosten, wie Kosten für Pufferaufbau, Einarbeitung, Kundenabnahmen und -zertifizierungen.

Erfahrungsgemäß werden Schließungs- und Einmalkosten sowie die Dauer, bis ein eingeschwungener Zustand der verlagerten Produktion erreicht ist, deutlich unterschätzt. Die **korrekte** Bewertung von Schließungs- und Verlagerungskosten kann also einen deutlichen Unterschied machen.

> **Tipp:**
> Sowohl bei drohender Produktionsverlagerung als auch bei (Teil-)Betriebsschließungen sollte der WA die Verlagerungsrechnung anfordern und bewerten. Generell ist bei derartigen Rechnungen darauf zu achten, dass nicht »**Äpfel mit Birnen**« verglichen werden. D.h. nur wenn die jeweiligen Tätigkeiten vergleichbar sind, können dann auch die Kosten verglichen werden.

b. Mögliche Vorgehensweise bei Verlagerung

Wie sieht eine mögliche Vorgehensweise von Betriebsrat und WA aus, wenn eine Verlagerung geplant ist?

1. **Anforderung der vollständigen Informationen**; dazu zählen zumindest
   - Begründung der Maßnahme,
   - Leistungsbeschreibung und
   - Verlagerungsrechnung.
2. **Eigenständige Prüfung der Maßnahme**
   - Ist die Begründung der Maßnahme verständlich und nachvollziehbar?
   - Existieren Verlagerungshürden, die ggf. nicht oder nur teilweise berücksichtigt sind? Z. B.:
     - Müssen Kunden der Verlagerung zustimmen bzw. haben sie dies auch gemacht?
     - Sind Patente und Lizenzen geschützt?
   - Ist die Verlagerungsrechnung vollständig? Wie verändern andere, geänderte Annahmen die Verlagerungs- bzw. die Wirtschaftlichkeitsrechnung?
     - Sind alle Leistungen mit den dazugehörigen Kosten sowie ggf. Erlösen berücksichtigt?
     - Wie sind die Schnittstellen (z. B. Qualitätskontrolle, Steuerung des Dienstleisters) beschrieben? Welche Aufgaben verbleiben ggf. im Unternehmen?
     - Wie sind mögliche Risiken (z. B. Liefertreue, Qualitätsprobleme) bewertet und in die Berechnung eingeflossen?
     - Für welchen Zeitraum gelten die ermittelten Kosten? Welche Kostenentwicklungen sind in den folgenden Jahren zu erwarten?
   - Welche Zusatzkosten sind erhoben? Sind sie vollständig? Wie sind sie bewertet und in die Wirtschaftlichkeitsrechnung eingeflossen?
   - Wie verändern Einmalkosten die Wirtschaftlichkeit der geplanten Verlagerung?

3. **Erarbeiten von Alternativen**
   - Welche Alternativen zu der geplanten Maßnahme der Geschäftsleitung sind möglich? Was sind die »besten« Alternativen, um Beschäftigung zu sichern?
   - Wie »rechnen« sich die »besten« Alternativen? Welche Wirtschaftlichkeitsrechnung ergibt sich bei ihnen?

Tipp:
Alternativen zu der geplanten Betriebsänderung sind erfahrungsgemäß in den Verhandlungen zum Interessenausgleich »einfacher« zu diskutieren und zu verhandeln, je konkreter sie beschrieben sind. Dazu zählen neben der konkreten Beschreibung der Alternative die erwarteten Auswirkungen auf die Beschäftigung und eine Wirtschaftlichkeitsrechnung.

Näheres zur Unterstützung durch Externe in Band 1

Tipp:
Bei diesem aufwendigen Prozess können sich Betriebsrat und WA von externen betriebswirtschaftlichen Sachverständigen unterstützen lassen.

VIII. Unternehmenskrise

Eine Unternehmungskrise ist seitens der Geschäftsführung nicht geplant und auch nicht gewollt. Oftmals entwickelt sich eine Krise schleichend, d.h. die Ursachen liegen lange im Verborgenen und werden nicht rechtzeitig erkannt (die »Krise spitzt sich zu«). Der Ausgang einer Unternehmenskrise ist unsicher und die Existenz des Unternehmens kann nachhaltig bedroht sein.

1. Ursachen

Äußere Krisenursachen

Ursachen für eine Unternehmenskrise können auf äußere (exogene) Faktoren oder auf innere (endogene) Faktoren zurückgeführt werden.
Beispiele für äußere Krisenursachen sind

- **Konjunkturelle Entwicklungen**
  - Veränderungen in den Rohstoffmärkten (z.B. Preissteigerungen oder Knappheit);
  - Währungskurseffekte.
- **Strukturelle Entwicklungen**
  - Zusammenschluss von Wettbewerbern oder durch Wettbewerber ausgelöste Preiskämpfe;
  - Einführung neuer Produkte oder Dienstleistungen durch Wettbewerber;
  - dauerhafte Veränderung im Nachfrageverhalten der Kunden (z.B. Online-Einkauf, E-Mobilität);
  - internationale Kostenstrukturveränderungen (z.B. Lohnniveau in »Billiglohnländern«);
  - technischer Fortschritt (z.B. neue Materialien oder Herstellungsverfahren);
  - Digitalisierung, Einsatz von KI;

  - Änderungen der gesetzlichen Grundlagen (z. B. neue Auflagen zum Umweltschutz).
- **Geopolitische Entwicklungen**
  - Veränderte Zollpolitik;
  - Aktuelle Krisen und Kriege und deren Auswirkungen auf Angebot und Nachfrage.
- **Außergewöhnliche Ereignisse, oftmals einmalig**
  - »Katastrophen« (z. B. Pandemie, Naturkatastrophen);
  - Betriebsunterbrechungen aufgrund von Zerstörung (z. B. Brand) oder Cyberangriffen auf die IT-Infrastruktur;
  - unerwartete Zahlungsausfälle aufgrund der Insolvenz wichtiger Kunden oder Lieferanten.

Innere Krisenursachen

Während die Unternehmen regelmäßig den äußeren Faktoren die höchsten Krisenursachen beimessen, sehen externe Beobachter diese im gleichen Maße beim Unternehmen selbst, also bei den inneren Faktoren.

Beispiele für innere Krisenursachen sind
- Mangelnde Planung, Steuerung und Kontrolle (insbesondere vernachlässigte strategische Planung);
- keine rechtzeitige Anpassung der Produkte an eine sich verändernde Nachfrage;
- ineffiziente Strukturen und Prozesse, mangelnde Digitalisierung;
- Selbstgefälligkeit und Reformresistenz des Managements;
- missglückte Unternehmensnachfolge;
- Ausfall von Schlüsselpersonen;
- Datenverluste, Ausfall der IT aufgrund mangelhafter Absicherung gegen Cyber-Attacken;
- schwache Finanzierung, geringes Eigenkapital.

2. Krisenstadien

Eine Unternehmenskrise ist nicht eindeutig, sie entwickelt sich. Grundsätzlich kann in jedem Krisenstadium durch geeignete Maßnahmen der so genannte »**turnaround**« geschafft werden, also der Weg aus der Krise heraus. Folgende Krisenstadien werden unterschieden:
- Stakeholderkrise,
- Strategiekrise,
- Erfolgskrise,
- Liquiditätskrise,
- Insolvenz.

Abbildung 25: Krisenstadien

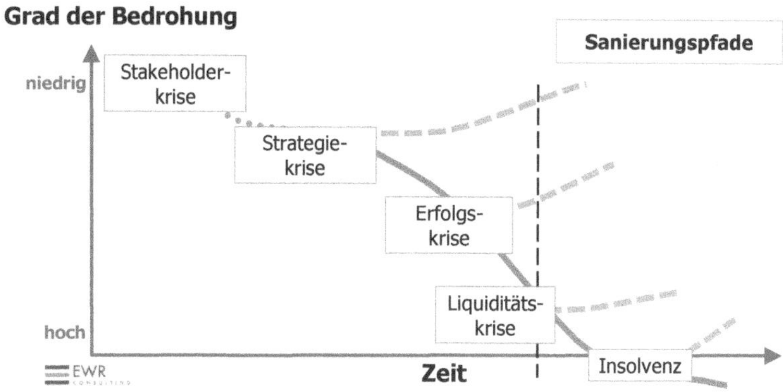

Die einzelnen Krisenstadien unterscheiden sich insbesondere hinsichtlich des Grads der Existenzbedrohung für das Unternehmen und hinsichtlich des Handlungsdrucks und des zur Verfügung stehenden Zeitrahmens für die Geschäftsleitung.

a. Stakeholderkrise

Möglicher Beginn einer Unternehmenskrise

Erste Anzeichen für eine beginnende Krise können ihre Ursachen im Konfliktpotential der Anspruchsgruppen (Stakeholder) haben, die sich im Unternehmen selbst oder im Umfeld des Unternehmens befinden. Einige Beispiele sind oben unter den inneren Krisenursachen aufgelistet, weitere können sein:

- Verändertes Führungsverhalten, neuer Führungsstil, Kündigung von Führungskräften;
- Motivationsverlust bei den Beschäftigten.

Die benannten Anzeichen sind mitunter schwer »dingfest« zu machen. Aber auch wenn dies gelingt – z. B. durch eine Befragung der Beschäftigten – stellt sich die Frage: Haben diese Anzeichen einzeln oder zusammen tatsächlich Krisenpotential?

Zumindest haben sie zumeist keine Auswirkungen auf Ergebnis und Liquidität.

b. Strategiekrise

Zukünftige Bedrohung

In der Strategiekrise zeigen sich ebenfalls noch keine Auswirkungen im Ergebnis oder in der Liquidität. Sie können sich jedoch kurzfristig ergeben (siehe konjunkturelle, strukturelle und geopolitische Ursachen). Aus den Ertrags- und Finanzinformationen, die dem WA vorliegen, lassen sich zum aktuellen Zeitraum **kaum** Anzeichen für eine Krise **erkennen**. Insofern bedroht eine Strategiekrise das Unternehmen nicht unmittelbar, sondern in der Zukunft, ggf. auch in der kurzfristigen Zukunft.

Die Strategiekrise ist wie folgt gekennzeichnet: Das Unternehmen erzielt Umsatz und positive Ergebnisse mit Produkten oder Dienstleistungen, die jedoch nicht (mehr) oder nur (noch) teilweise zukunftsfähig sind. Eine »handfeste« Strategiekrise bedeutet hart formuliert: Der Markt braucht dieses Unternehmen in dieser Form nicht mehr.

Wird das Krisenstadium der Strategiekrise nicht überwunden, setzt sich die Unternehmenskrise schleichend fort und die Handlungsspielräume verringern sich. Der Übergang in eine Erfolgskrise ist damit vorgezeichnet.

c. Erfolgskrise

Sinkender Umsatz/ Ergebnisse

In der Erfolgskrise zeigen sich erstmals negative Auswirkungen in Form von sinkenden Umsätzen und Ergebnissen. Diese Entwicklung ist den regelmäßigen Informationen zur wirtschaftlichen Entwicklung zum Beispiel aus dem Jahresabschluss sowie dem Monats- und Quartalsabschluss zu entnehmen. Anzeichen für eine Erfolgskrise können sein:

- Umsatzrückgang (mengen- oder preisbedingt);
- rückläufige Produktnachfrage, insbesondere bei den Hauptumsatzträgern;
- auslaufende Produkte, Marktanteilsverluste;
- Unterauslastung der Produktionskapazitäten;
- Qualitätsprobleme;
- blindes »Cost Cutting« (Kostensenkungen);
- sinkende Ergebnisse bis hin zum Verlust.

Eine Erfolgskrise hat immer nur **drei Gründe**: fehlender Absatz, sinkende Preise oder zu hohe Kosten! Die Wiedergewinnung der Ertragskraft ist das betriebswirtschaftliche Ziel bei der Überwindung dieses Krisenstadiums. Um diese Probleme zu beseitigen, müssen die **Ursachen analysiert** werden. Das alleinige »Drehen an der Kostenschraube« führt allerdings nicht zur Überwindung der Erfolgskrise. Vielmehr müssen auch kurzfristige Maßnahmen zur Steigerung der Umsatzerlöse in Angriff genommen werden.

d. Liquiditätskrise

Sinkende Zahlungsfähigkeit

Leitet die Geschäftsleitung keine ertragsverbessernden Maßnahmen ein, wird als nächstes Stadium die Liquiditätskrise folgen. Sie ist dadurch gekennzeichnet, dass die finanziellen Handlungsspielräume noch geringer werden und Zahlungsunfähigkeit droht. Die liquiden (flüssigen) Mittel reichen nicht aus, allen Zahlungsverpflichtungen termin- und betragsgenau nachkommen zu können. Ein vorsichtiger Kaufmann strebt Liquiditätsreserven an, d.h. einen Überschuss der Einzahlungen über den Auszahlungen.

Hinweis:
Wegbrechende Aufträge führen zu rückläufigen Umsatzerlösen und damit zu niedrigeren Einzahlungen. Somit fehlt schnell Liquidität. Gleichwohl sind die anfallenden Kosten zu begleichen, von denen viele fix sind, d.h. unabhängig von Absatz und Umsatz (z.B. Zinsen, Mieten und die Personalkosten). Andere Kostenarten wie Materialaufwand sind zwar abhängig von der abgesetzten Menge, sinken aber z.B. aufgrund von längerfristigen Einkaufskontrakten nicht so schnell wie die Umsatzerlöse. Dadurch sinken Profitabilität und Gewinnmargen, der Druck auf die Beschäftigten steigt. Gleichzeitig werden die Banken hellhörig, da vielfach Kreditbedingungen an Kennzahlen geknüpft sind. Bei Abweichungen von vereinbarten Kennzahlen können die Banken Kreditvereinbarungen neu verhandeln. Verringert sich dann aufgrund eines Jahresfehlbetrags auch noch das Eigenkapital, verschärft sich die Situation weiter. Ein Teufelskreis!

Da die Liquidität des Unternehmens zunehmend schwächer wird, hat die Gewinnung neuer Finanzspielräume im Krisenstadium »Liquiditätskrise« absoluten Vorrang. Denn ohne ertrags- und liquiditätssteigernde Maßnahmen führt der Weg zwangsläufig in die Insolvenz.

Tipp:
Um die Insolvenzreife zu beurteilen, benötigt der WA die Einsichtnahme in den Liquiditäts- und Finanzplan. Dieser sollte in einer Liquiditätskrise auf jeden Fall vorliegen.

e. Insolvenz

§§ 17–19 InsO

Kann die Unternehmenskrise nicht überwunden werden, d.h. führen alle Sanierungsmaßnahmen nicht zum Erfolg, dann ist die Insolvenz des Unternehmens unabwendbar. Im Gegensatz zur Unternehmenskrise ist die Unternehmensinsolvenz ein gerichtliches Verfahren, welches an drei gesetzliche Insolvenzantragsgründe (§§ 17–19 der Insolvenzordnung (InsO)) anknüpft: Zahlungsunfähigkeit, drohende Zahlungsunfähigkeit oder Überschuldung. Sofern das Unternehmen mindestens einen dieser Gründe erfüllt, ist Insolvenz anzumelden. Eine Sanierung kann jedoch noch immer aus der Insolvenz heraus über einen Insolvenzplan im Rahmen eines gerichtlichen Verfahrens erfolgen.

3. Handlungsmöglichkeiten

Die Handlungsmöglichkeiten des Managements, aber auch von Betriebsrat und WA, werden mit jedem Krisenstadium immer kleiner. Gleichzeitig wird die Bedrohung, und damit der Handlungsdruck zur Überwindung des Krisenstadiums, umso größer. Aus diesem Grunde ist unbedingt notwendig, dass sich der WA regelmäßig über den wirtschaftlichen Stand des Unternehmens informiert und bewertet, ob sich das Unternehmen in einer Krise befindet – und wenn ja, in welchem Stadium.

Sanierung

Die Bewältigung einer Unternehmenskrise kann in jedem Stadium erfolgen. **Beispiele** für Sanierungsmaßnahmen in den jeweiligen Krisenstadien sind:

- **Stakeholderkrise**
  - Selbstkritisches Wahrnehmen möglicher Signale und offener Umgang mit erkannten Entwicklungen unter Einbindung der Beteiligten.
- **Strategiekrise**
  - Entwickeln neuer Produkte;
  - Investition in zukunftsfähige Produktionsanlagen.
- **Erfolgskrise**
  - Stärkung des Vertriebs;
  - Verbesserung der Produktionsabläufe.
- **Liquiditätskrise**
  - Stärkung des Eigenkapitals;
  - Aufnahme zusätzlicher Kredite;
  - Forderungsverkäufe (Factoring) bzw. Beschleunigung des Forderungseinzugs;
  - Streichung »verzichtbarer« Ausgaben;
  - Verschiebung oder Streichung geplanter Investitionen;
  - Erwirken von Zahlungsaufschüben bei Lieferanten (Lieferantenkredite).

- **Insolvenz**
  - Fortführung in der Insolvenz (Insolvenzplan);
  - (Teil)Veräußerung;
  - Stärkung durch neue Investoren.

4. Früherkennung

a. Zweck und Chancen

Erkennen von Risiken und Chancen

Vor dem Hintergrund von Globalisierung und Digitalisierung verändern sich die Aufgaben des Betriebsrats und WA ständig. Betriebswirtschaftliche Auswertungen, Kennzahlen und Planungen sind vom WA zu verstehen und zu interpretieren. Ziel ist es, »schlummernde« Risiken und Krisen rechtzeitig aufzuspüren und gleichzeitig neue Chancen zu ermitteln, um den Standort und die Beschäftigung am Standort langfristig zu sichern.
Früherkennung ist dabei ein Instrument, das unerwartete und ungeplante Ereignisse möglichst frühzeitig zu beobachten versucht. Das »Warum« einer Früherkennung beantwortet sich also aus der Unsicherheit der Zukunft und dem Bedürfnis, sie frühzeitig zu kennen, um nachteilige Folgen vermeiden zu können. Gleichwohl wird dem Thema Früherkennung in den Betrieben und Unternehmen vielfach noch immer eine nur geringe oder oberflächliche Aufmerksamkeit geschenkt.
Wie dargestellt, fällt eine Unternehmenskrise überwiegend »nicht vom Himmel«, ist jedoch auch in den ersten Stadien äußerst schwer zu erkennen. Wird sie also nicht rechtzeitig erkannt und die Krisenursachen nicht beseitigt, so gewinnt sie in ihrem Verlauf immer mehr an Fahrt. Der Zeitgewinn ist daher die elementare Aufgabe der Krisenfrüherkennung – wobei die gewonnene Zeit für die Suche nach künftigen Chancen zu nutzen ist. Daher ist die **zentrale Botschaft** klar: Je früher eine zukünftige negative Entwicklung erkannt wird, desto mehr Handlungsoptionen und Alternativen stehen den Gremien zur Abwehr und Gegensteuerung zur Verfügung.

> **Hinweis:**
> Unternehmenskrisen sind für die Beschäftigten regelmäßig mit Lohneinschnitten, Ausweitung der Arbeitszeit oder gar dem Verlust des Arbeitsplatzes verbunden. Insofern ist es unerlässlich, Belegschaften mit ihrem Interesse an einer Sicherung von Standort und Beschäftigung aktiv in die

Früherkennung einzubeziehen. Hier kommt dem WA eine wesentliche Bedeutung zu.

Tipp:
Forderungen der Arbeitgeberseite nach **Verzicht auf Entgelt** sind seitens des (Gesamt-)Betriebsrates und WA genau zu prüfen. Die Forderung kann z.B. der Verzicht auf Urlaubs- oder Weihnachtsgeld oder unentgeltliche Erhöhung der Arbeitszeit sein. Ansonsten – heißt es vielfach – seien die Kosten anders zu senken, z.B. durch Personalabbau.
Begründet ist diese Forderung meistens mit einer **»schlechten« wirtschaftlichen oder finanziellen Lage**. Mit Unterstützung eines **wirtschaftlichen Sachverständigen** prüfen (Gesamt-)Betriebsrat und WA
a) die tatsächliche wirtschaftliche und finanzielle Lage;
b) die Planungen für die nächsten 2–3 Jahre einschließlich der zugrunde liegenden Annahmen;
c) die Auswirkungen der geplanten Maßnahmen, d.h. der seitens der Geschäftsleitung geforderten Verzichte;
d) das vorliegende (Sanierungs-)Konzept sowie
e) sämtliche weiteren Maßnahmen, um die »Krise« zu überwinden.
Ohne Prüfung und damit Kenntnis der tatsächlichen Sachlage ist eine Verhandlung über Verzichte oder über Alternativen schwierig. Ebenso ist auch keine sachliche Einschätzung möglich, ob die von der Geschäftsführung aufgezeigten Maßnahmen geeignet sind, um
a) die »Krise« dauerhaft zu überwinden und
b) Beschäftigung und Standort dauerhaft zu sichern.
In rechtlicher Hinsicht sollten belastbare Vereinbarungen mit dem Arbeitgeber getroffen werden, die z.B. ein Kündigungsverbot während der Absenkung der Entgelte enthalten und die Pflicht des Arbeitgebers bei Verstoß gegen das Kündigungsverbot, die einbehaltenen Zahlungen an die Betroffenen auszukehren.

Für das Unternehmen passendes Früherkennungssystem entwickeln

Früherkennungssysteme greifen vielfach auf die Daten aus dem betrieblichen Rechnungswesen zurück. Aus den vorhandenen Informationen werden **Kennzahlen** gebildet, für die Sollwerte festgelegt werden. Weichen die IST-Werte von den SOLL-Werten ab, sind die Gründe zunächst für die Abweichung zu verstehen und zu bewerten. Ist die Abweichung, insbesondere nach unten, zu groß, sind geeignete Gegenmaßnahmen zu ergreifen.
Die Werte des betrieblichen Rechnungswesens sind auch Grundlage für Hochrechnungen (englisch Forecast), mit denen das voraussichtliche Jahresergebnis abgeschätzt wird. Zeigen sich hierbei ebenfalls Abweichungen gegenüber der Planung, können im verbleibenden Geschäftsjahr unter

Umständen noch Maßnahmen ergriffen werden, um den Verlauf und damit das Jahrergebnis positiv zu beeinflussen. Die auf dem Rechnungswesen basierenden Früherkennungssysteme stellen heute auch eine gängige Praxis in kleinen und mittleren Unternehmen dar.

Hinweis:
Früherkennung ist für Betriebsräte, vor allem in den Wirtschaftsausschüssen, eine wichtige und selbstständig wahrzunehmende Aufgabe. Auch wenn das Unternehmen schon individuelle Früherkennungsinstrumente entwickelt hat und anwendet, kann und sollte der WA nicht darauf vertrauen, dass damit auch die für die Beschäftigten wichtigen Fragen der künftigen Unternehmensentwicklung abgedeckt sind.
Betriebsräte und Wirtschaftsausschüsse tragen mit ihrer Kenntnis über den Betrieb und seine Abläufe zu einer realistischen Einschätzung der Unternehmensentwicklung bei. Dabei sind zudem die Auswirkungen auf Personal und Personalentwicklung zu erfragen und zu beurteilen.
Des Weiteren sind sogenannte »Qualitative Faktoren« zu bewerten. Gerade interne Krisensymptome lassen sich oftmals mit offenen Augen und gesundem Menschenverstand im Unternehmen erkennen.

Quantitative Früherkennung mit Kennziffern

Die **Steuerung** des Unternehmens mit Hilfe von Kennziffern ist grundsätzlich auch auf die Arbeit des WA übertragbar. Zu diesem Zweck verarbeitet der WA die aktuellen Daten des Unternehmens sowie dessen Plandaten, um seinerseits die wirtschaftliche und finanzielle Lage des Unternehmens zu bewerten (**quantitative Analyse**). Die vom WA regelmäßig erhobenen Informationen können in Form von Kennziffernsystemen verarbeitet werden. Die Arbeit mit Kennziffernsystemen erleichtert eine systematisierte und regelmäßige Verarbeitung wiederkehrender Informationen aus den Unternehmen.

Tipp:
Excelbasierte Analyseinstrumente erleichtern die Arbeit im WA. Sie basieren in der Regel auf Daten des Jahresabschlusses und der Monats-/Quartalsabschlüsse sowie der vorliegenden Planungen. Veränderungen zu Vorjahreswerten werden absolut und prozentual automatisch ermittelt, ebenso wie gängige Kennzahlen zur Beurteilung der Ertrags-, Vermögens- und Finanzlage. Dies erleichtert die Analyse und Interpretation wesentlicher Entwicklungen.
Bei der ersten Eingabe der Daten sowie bei Aufbau und Anpassung des Tools kann sich der WA von externen betriebswirtschaftlichen Sachverständigen unterstützen lassen.

Qualitative Früherkennung

Betriebliche Früherkennungssysteme beinhalten neben ihrer Warnfunktion zusätzlich das aktive Wahrnehmen und Aufspüren von unternehmerischen **Chancen**. Je früher ein Sanierungsbedarf erkannt wird, desto höher ist der voraussichtliche Sanierungserfolg und somit die Chancen auf eine noch mögliche, bzw. umso schnellere Wiedergewinnung der Wirtschaftlichkeit und Wettbewerbsfähigkeit. Insofern kommt auch der »Qualitativen Früherkennung« eine wichtige Bedeutung zu. Hierzu gehören zum einen das frühzeitige Wahrnehmen von Veränderungen bei der Belegschaft, die Aufgabe, »schwachen Signalen« nachzugehen und das Gespräch mit den Beschäftigten. Zum anderen fließen Antworten der Geschäftsführung auf die Fragen des WA mit ein.

b. Fragenkatalog

Konzept vorhanden?

In allen Krisenstadien ist die **wesentliche Frage**: Welche Maßnahmen plant die Unternehmensleitung? Das von der Unternehmensleitung vorgelegte (Sanierungs-)Konzept sollte neben der konkreten Beschreibung der Maßnahmen detailliert aufzeigen, welche Effekte die geplanten Maßnahmen auf die Ertrags- und Liquiditätssituation sowie auf die Beschäftigung haben.

> **Tipp:**
> Die Antworten auf die (nachfolgenden) Fragen sind im WA intensiv zu erörtern und auch bezüglich der möglichen Auswirkung auf die Beschäftigung zu bewerten. In der Beratung mit der Geschäftsführung können ebenso alternative Maßnahmen und eigene Vorschläge einfließen. Bei der Bewertung der Situation sowie bei der Erarbeitung alternativer Maßnahmen bzw. eines Alternativkonzeptes können sich Betriebsrat und WA von betriebswirtschaftlichen Sachverständigen unterstützen lassen.

Fragenkatalog an die Rahmenbedingungen des Unternehmens anpassen

Nachfolgende Fragen bieten sich für den WA in den verschiedenen Krisenstadien als **Handlungsoption** an. Das gilt natürlich nur, wenn die Sachverhalte nicht aufgrund der regelmäßigen Informationen ohnehin bekannt sind durch Jahresabschluss, Monatsabschluss und Planung. Sie dienen insofern als Anhaltspunkte und sind an die jeweilige Situation anzupassen, also zu kürzen oder zu ergänzen.

- **Stakeholderkrise:**
  In diesem Stadium sind die Signale eher qualitativer Natur. Es lassen sich kaum Fragen formulieren. Betriebsrat und WA sind gut beraten, in regelmäßigen Abständen intern Signale aus der Belegschaft sowie

eigene Beobachtungen zu benennen und zu bewerten. Zu den Themen zählen:
- Führungsstruktur und -verhalten
  - Verändert sich diese/s? Wenn ja, inwiefern?
- »Stimmung« in der Belegschaft
  - Verändert sich die Motivation in der Belegschaft?
  - Wie hoch sind z. B. Fluktuation, Krankenstand?

- **Strategiekrise:**
  In der Strategiekrise sind die zukünftigen Erfolge des Unternehmens gefährdet. Der Wettbewerbsdruck erhöht sich und das Unternehmen muss mit Markt- und Wettbewerbsstrategien darauf reagieren, sich neu positionieren.
  - Entwicklung Gesamtwirtschaft
    - Wie abhängig ist das Unternehmen von konjunkturellen Schwankungen?
    - Stehen für das Unternehmen wesentliche Änderungen von Gesetzen an?
    - Sind deutliche technologische Veränderungen absehbar?
    - Welche Auswirkungen können geopolitische Veränderungen auf das Unternehmen haben?
  - Situation der Branche
    - Wie ist die Branche ausgelastet?
    - Hat das Unternehmen ein Alleinstellungsmerkmal? In welchen Produkten unterscheidet sich das Unternehmen von den Wettbewerbern? Welche Wettbewerbsvorteile oder auch Wettbewerbsnachteile sind bekannt (Preis, Qualität, Service)?
    - Sind neue Produkte am Markt zu erwarten, die eigene Produkte ersetzen?
    - Wie verhalten sich die Wettbewerber? Sind neue Wettbewerber zu erwarten?
    - Wie entwickeln sich die Märkte der wichtigsten Kunden?
  - Situation des Unternehmens
    - Welche neuen Produkte sind auf dem Markt, welche sind geplant?
    - Ist die Produktion auf dem neuesten Stand oder gibt es einen Investitionsstau?
    - Sind Probleme in den Abläufen bekannt?
    - Wie groß ist der finanzielle Spielraum?
    - Welche Ziele verfolgen die Eigentümer?

- **Erfolgskrise:**
  In der Erfolgskrise stellen sich Umsatzrückgänge und erste Verluste ein. Um diese zu beseitigen, sind deren Ursachen zu analysieren und Maßnahmen einzuleiten.
  - Absatzlage
    - Wie entwickelten sich Auftragseingang, Auftragsbestand und Umsätze in den letzten Monaten? Wie verteilten sich diese auf die Produktgruppen? Welche Entwicklung ist geplant?
    - Wie entwickeln sich die Preise?
  - Produktion
    - Wie ist die Produktion ausgelastet?
    - Wie entwickeln sich die Vorratsbestände?
    - Wie verändert sich die Beschäftigung?
  - Ertragslage
    - Wie entwickeln sich die Deckungsbeiträge wesentlicher Produkte?
    - Sind außerordentliche Vorgänge zu verzeichnen?
  - Finanzstruktur
    - Welche Investitionen sind zu welchem Zeitpunkt geplant (Art und Höhe der Investitionen)?
    - Wie ist die Zahlungsmoral der Kunden?
    - Wie ist der Liquiditätsstatus? Gibt es »freie« Liquidität?
    - Wie verändern sich Forderungen und Verbindlichkeiten?
    - Wie hat sich das Eigenkapital entwickelt?
- **Liquiditätskrise:**
  Die Liquiditätskrise ist dadurch gekennzeichnet, dass die finanziellen Handlungsspielräume weiter verringert werden und Zahlungsunfähigkeit droht. Oberstes Ziel ist die Aufrechterhaltung der Zahlungsfähigkeit.
  - Bestehen akute Zahlungsprobleme? Erfolgen Materiallieferungen nur noch gegen Vorkasse? Werden bei den Lieferanten noch Boni oder Skonti ausgenutzt?
  - Wurden Investitionen ausgesetzt oder verstärkt über Leasing durchgeführt?
  - Wurde nicht betriebsnotwendiges Vermögen verkauft? Wurden Forderungen verkauft (Factoring)?
  - Sind alle bestehenden Kreditlinien voll ausgeschöpft? Sind bereits Stundungsvereinbarungen mit den Banken oder gar dem Finanzamt oder den Sozialversicherungen getroffen?
  - Haben die Eigentümer Sicherheiten gestellt oder sind sie bereit, zusätzliche finanzielle Mittel einzubringen?

- Wurde der Antrag auf staatliche Hilfen (z. B. Landesbürgschaften, KfW – Mittel) gestellt?

Tipp:
(Gesamt-)Betriebsrat und WA sind gut beraten, sich intensiv mit der wirtschaftlichen Lage des Unternehmens und dessen Planung zu beschäftigen, um mögliche Beschäftigungsrisiken frühzeitig zu erkennen und mit der Geschäftsführung erörtern zu können.
In diesem Buch sind etliche Hinweise gegeben, die der WA nutzen und auf seine Bedarfe anpassen kann, z. B. Definition von Standardinformationen in den WA-Sitzungen, Beobachten der Unternehmensentwicklung anhand von Kennzahlen oder Instrumente zur Früherkennung von Krisenstadien.

Anhang 1
Checkliste zur Organisation der Arbeit im Wirtschaftsausschuss

Aufgabe	Beschreibung	Verantwortung	Erledigt	
			Ja	Nein
Termine	• Planung von regelmäßigen Sitzungsterminen, möglichst zu Jahresbeginn			
Fragenkatalog, Standardinformationen	• Erstellung eines Fragenkatalogs mit Standardinformationen • Vereinbarung mit dem Arbeitgeber, die Standardinformationen rechtzeitig, d. h. mindestens fünf Arbeitstage vor den Sitzungsterminen, zur Verfügung zu stellen • Jährliche Schwerpunkte z. B. Jahresabschluss und Planung vereinbaren • Sonderthemen vor den Sitzungen in den Gremien erfragen			
Einladung	Einladung und Tagesordnung an • Wirtschaftsausschussmitglieder • Arbeitgebervertreter • ggf. Sachverständige versenden • Standardfragenkatalog sowie Sonderthemen der Einladung beifügen			

Aufgabe	Beschreibung	Verantwortung	Erledigt	
			Ja	Nein
Vor- und Nachbereitung	• Vorbereitung: Sichtung und Diskussion der übersandten Standardinformationen, ggf. Entwickeln inhaltlicher Fragen • Nachbereitung: offene Punkte zusammenfassen und dem Arbeitgeber schriftlich übersenden			
Protokoll	• Führung eines Sitzungsprotokolls, ggf. Nachhalten offener Punkte			
Sitzung	• Tagesordnungspunkte und Fragen an die Wirtschaftsausschussmitglieder verteilen • Zeitrahmen für einzelne Tagesordnungspunkte festlegen			
Bericht im BR/GBR	• (Standard-)Bericht vorbereitet			

Anhang 2
Fragenkatalog/Themen für die Sitzung des Wirtschaftsausschusses

Themenbereiche	Beschreibung
Allgemeine Informationen	Informationen zu • rechtlichen Verhältnissen (bei Veränderungen) • Produktprogramm • Marktbedingungen
Ertragslage	• Monats- oder Quartalsabschluss im Soll-/Ist- und Vorjahresvergleich • Forecast für das aktuelle Geschäftsjahr inkl. Soll-/Ist-Vergleich • Auftragseingang • Auftragsbestand
Finanzlage	• Aktueller Liquiditätsstatus inkl. Kreditlinien • Liquiditätsplanung inkl. Entwicklung von Kreditlinien
Beschäftigte	Personalstand • zum Stichtag mit Vorjahresvergleich, • nach Standorten und Bereichen • Leiharbeitskräfte und Werkverträge
Investitionen	Investitionen • des aktuellen Geschäftsjahres im Plan-/Ist- und Vorjahresvergleich
Sonstige	• Aktuelle Projekte und Maßnahmen, welche die Informationsrechte nach § 106 BetrVG betreffen
Jährliche Standard-Informationen	• Wirtschaftsprüfungsbericht und Jahresabschluss • Operative Planung und Erläuterung der wesentlichen Prämissen • Personalbedarfs- und -qualifikationsplanung • Investitionsplanung • Forschungs- und Entwicklungsvorhaben

Stichwortverzeichnis

A
Absatzplanung 67
Abschreibungen 59
Aktiva 43

B
Berichte 80
Bilanz 42
Bilanzanalyse 52

E
Einigungsstelle 22
Ertragskennzahlen 61

G
Gesamtbetriebsrat 16
Gewinn- und Verlustrechnung 54
GmbH 29

I
Informationsrechte des Betriebsrats 23
Insolvenz 91
Investitionsplanung 69

J
Jahresabschluss 38

K
Kapitalflussrechnung 62
Kapitalgesellschaften 29
Konzern 34
Kostenrechnung 77

L
Lagebericht 65
Liquiditätsplanung 72

P
Passiva 48
Personalplanung 70
Personengesellschaften 30

Q
Quartalsabschlüsse 65

R
Rechtsform 28
Rückstellungen 50

T
Tendenzunternehmen 18

U
Umsatzplanung 67
Unternehmenskrise 87
– Handlungsmöglichkeiten 92

W
Wirtschaftsausschuss 15
– Amtszeit 18

- Checkliste zur Organisation der Arbeit 100
- Fragenkatalog für die Sitzung 102
- Gründung 16
- Organisation der Arbeit 25
- Sitzung 27

Wirtschaftsprüfungsbericht 40